Conrad von Orelli

Die hebräischen Synonyma der Zeit und Ewigkeit

Genetisch und sprachvergleichend dargestellt

Conrad von Orelli
Die hebräischen Synonyma der Zeit und Ewigkeit
Genetisch und sprachvergleichend dargestellt
ISBN/EAN: 9783743658943

Hergestellt in Europa, USA, Kanada, Australien, Japan

Cover: Foto ©Thomas Meinert / pixelio.de

Weitere Bücher finden Sie auf **www.hansebooks.com**

HEBRÄISCHEN SYNONYMA

DER ZEIT UND EWIGKEIT

GENETISCH UND SPRACHVERGLEICHEND DARGESTELLT.

INAUGURALDISSERTATION

ZUR ERLANGUNG

DER PHILOSOPHISCHEN DOCTORWÜRDE

VON

CONRAD VON ORELLI

AUS ZÜRICH.

LEIPZIG
A. LORENTZ
H. FRITZSCHE'S BUCHHANDLUNG.
1871.

SEINEN HOCHGESCHÄTZTEN LEHRERN,

DEN PROFESSOREN

HEINRICH LEBERECHT FLEISCHER

UND

FRANZ DELITZSCH

ALS GERINGES ZEICHEN DER VEREHRUNG UND DANKBARKEIT

GEWIDMET.

INHALTSVERZEICHNISS.

	Seite
Einleitung	1
Anlehnung geistiger Begriffe an sinnliche	4
Entstehung der Homonyma und Synonyma	5
Der Zeitbegriff	3
Das Unendliche	8
Vorgänger	9
Eintheilung	9
I. Die endliche Zeit	11
A. Die Zeit nach ihrer Erscheinung	13
Zusammenhang der Zeit mit der Bewegung	13
1) Benennung der Zeit nach der Bewegung	15
a) nach entgegentretender Bewegung	17
b) treibender	21
c) ungehemmt vorgehender	23
d) beschleunigter	24
e) schnellster	26
f) umkehrender	30
g) kreisender	32
h) einschliessender	40
2) nach der Ruhe als dem Gegensatze zur Bewegung	41
B. Die Zeit nach ihrer Bestimmtheit benannt	45
מועד	46
עת	47
עדן	53
זמן	54

	Seite
Die Deutungen Bedarschi's	57
Die Deutungen Pappenheim's	58
Die Zeitmaasse	59
Schlussbetrachtung	61
II. Die unendliche Zeit (Ewigkeit)	65
Ausdruck des Unendlichen	67
1) durch Verneinung der Endlichkeit (עולם)	69
2) durch Fortsetzung der Zeitbewegung (עד)	86
3) durch Ausdehnung und Verlängerung (איתן, תמיד)	90
4) durch Steigerung (נצח)	95
Zusammenfassung	99
Anlehnung der unendlichen Zeit an die endliche	99
Charakter des hebr. Ewigkeitsbegriffs	104
Mythologische Vorstellung der Zeit	106

EINLEITUNG.

*There is a petrified philosophy
in language.*
M. Mueller.

Wenn der bekannte aristotelische Grundsatz: Πρὸς ἡμᾶς μὲν πρότερα καὶ γνωριμώτερα τὰ ἐγγύτερον τῆς αἰσθήσεως eines Beweises überhaupt bedürftig wäre, die Sprachwissenschaft würde einen solchen darbieten. Ist doch die Sprache eines Volkes nicht bloss ein zuverlässiges Inventar, welches den materiellen und geistigen Besitzstand desselben beurkundet: sie gibt uns auch darüber manchen Wink, wie und wann es zu seinen Besitzthümern gekommen. Je älter die Bekanntschaft mit einem Gegenstande, einem Thiere, einer Pflanze, desto älter und einfacher ist gewöhnlich der dafür gewählte Name. Spät vorkommende oder gar ausländische Benennungen deuten auf spätes Bekanntwerden oder fremden Ursprung einer Sache. Aber noch mehr: sogar wenn wir über die Zeit des historischen Bestehens der Sprache zurückgehen in die Zeit ihrer Bildung, geben uns die Formen selber ein Kriterium an die Hand, das uns zunächst hinsichtlich der Reihenfolge, in welcher die Dinge zu Objecten der menschlichen Auffassung geworden, eine Unterscheidung treffen lässt. Wenn es nämlich Gegenstände und Vorstellungen gibt, deren sprachliche Bezeichnungen sich mit leichter Mühe von andern Wörtern genealogisch ableiten lassen, während es bei den Namen anderer verwegen erscheint, ihre Ursprünglichkeit anzutasten, so ist der Schluss nicht unberechtigt, dass die letzteren, weil dem wahrnehmenden und erkennenden Geiste näher liegend, einfacher und früher, jene ersteren aber, weil schwerer erfasst und später erkannt, auch künstlicher und später benannt worden seien. Aus den Bildungsstufen der Sprache lässt sich schliessen auf die Entwicklungsphasen des menschlichen Erkennens, deren Niederschlag jene sind. In dem aber, was uns in der Sprache als das Ursprüngliche erscheint, spiegelt sich eben die sinnliche Anschauung und Empfindung in unverkennbarer Weise ab. Was auf die Sinne des Menschen einen unmittelbaren Eindruck machte, sich ihm gewissermassen ohne sein Zuthun aufdrängte, das zog zuerst seine Aufmerksamkeit auf sich, wurde von seiner Vorstellungskraft erfasst und mittelst der Sprache ausgedrückt.

Diese Wahrnehmung lässt sich mehr oder weniger in allen Sprachen machen, da sie in den allgemeinen Naturgesetzen der menschlichen Entwicklung ihren Grund hat. *Notiones verborum propriae omnes sunt corporeae sive ad res pertinentes quae sensus nostros externos feriunt* — das ist seit langer Zeit ein Grundsatz der klassischen Philologie gewesen. Aber deutlicher als anderswo tritt diese Thatsache zu Tage in den sogenannten semitischen Sprachen, mit welchen wir es hier zu thun haben. Diese Sprachgruppe, zu welcher das Hebräische gehört, hat die Eigenthümlichkeit, dass bei verhältnissmässig grosser Fruchtbarkeit der Stammformen die organische Gliederung der einzelnen Wortfamilien im Ganzen sehr leicht zu erkennen ist. Auch lassen sich, wo einzelne Glieder in einem dieser Dialekte fehlen, diese zum guten Theil aus den übrigen ergänzen. Gehen wir aber der Wurzel eines solchen semitischen Wortstammes so weit als möglich nach, so zeigt sie nahezu immer eine sinnliche Bedeutung. Soweit uns hier die Wortfamilien durchsichtig sind, finden wir keine ganz abstrakten darunter; vielmehr lehnen sich solche Vorstellungen an konkrete an, erhalten deren eigene oder eine davon abgeleitete Bezeichnung.

Dieser Umstand beweist nun nicht bloss die Priorität des Sinnlichen vor dem Geistigen, sondern auch den engen Zusammenhang zwischen Beidem in der Vorstellung. Für die

Uebergang sinnlicher Ausdrücke in abstrakte. 5

neu auftauchenden geistigen Begriffe wurden nicht ganz neue Formen geschaffen, sondern man hat die vorhandenen, wie sie waren oder wie man sie weiterbildete, dafür verwendet, wie auch beim Erkenntnissprozesse der Mensch stets an die in ihm bereits vorhandenen Vorstellungen und Begriffe anzuknüpfen trachtet. Aber nicht willkürlich bestimmte man Ausdrücke sinnlichen Inhalts zur Aufnahme geistigen Gehalts, sondern die Namen solcher Vorstellungen, welche mit den anzueignenden irgendwie verwandt schienen und daher ihre Auffassung vermittelten, wählte man auch zur Vermittlung ihres Ausdrucks.

Bei dem weiten Spielraum jedoch, welchen bei diesem Prozesse der Apperzeption[1]) die Subjektivität hat, konnte es nicht ausbleiben, dass verschiedene abstrakte Begriffe nach Einer sinnlichen Vorstellung benannt wurden, sofern sie auf irgend eine Weise an diese erinnerten. Es entstanden dadurch sogenannte Homonyma[2]). Ja selbst entgegengesetzte Begriffe konnten möglicherweise unter Einen Namen gebracht werden, sofern ihnen wenigstens die Verwandtschaft mit Einer sinnlichen Grundvorstellung gemeinsam war, welche bei der Namengebung massgebend wurde. Manche räthselhafte „Enantiosemien", wie man sie wohl genannt hat[3]), erklären sich auf diese Weise. So kann das hebr. עָבַד einerseits bedeuten: fortdauern (Jer. 48, 11. Ps. 102, 27), anderseits aber: aufhören (Gen. 29, 35. 2 Reg. 4, 6), weil beides (bestehen und stille stehen) sich auf die Grundbedeutung des Stehens zurückführen lässt. Ein Gegenstück dazu bildet עָדָה

---

[1]) Siehe die Definition dieses Prozesses im Anschluss an Herbart bei Steinthal, Zeitschrift für Völkerpsychologie und Sprachwissenschaft II, S. 14 und die ausführliche Darlegung desselben im zweiten Band von Lazarus, Leben der Seele.

[2]) Diese Bezeichnung ist schon von Aristoteles gestempelt *Categor*. § 1: Ὁμώνυμα λέγεται ὧν ὄνομα μόνον κοινόν, ὁ δὲ κατὰ τοὔνομα λόγος τῆς οὐσίας ἕτερος.

[3]) Im Gegensatz dazu gilt von den Synonymen: πολυωνυμοῦσιν ἐν ταυτότητι σημασίας.

(vorübergehen, weitergehen) mit seinen Ableitungen, wie wir sehen werden[1]). Umgekehrt konnte es eben so leicht geschehn, dass Ein abstrakter Begriff oder Eine geistige Funktion mit verschiedenen sinnlichen Dingen oder Thätigkeiten in Verbindung gebracht wurde[2]). So bildeten sich die sog. Synonyma[3]). Ja sogar entgegengesetzte sinnliche Vorstellungen konnten zur Apperzeption Einer geistigen dienen. Ein Beispiel dafür wird uns die Untersuchung der hebr. Synonyma für Ewigkeit, עוֹלָם und נֶצַח, liefern[4]).

---

[1]) In der reicheren arabischen Sprache ist ein solches Widerspiel (ضِدّ) der Bedeutungen innerhalb Eines Wortstamms, ja Einer Wortform noch viel häufiger, z. B. حَسِيب neuarab. edel von Abkunft, altarab. aber das gerade Gegentheil, weil die weisse Farbe (حَسَب) bei Kameelen Zeichen edler Abkunft ist, bei Menschen aber als Zeichen des Gegentheils galt. S. Fleischer zu Levy's Chaldäischem Wörterb. I, 423.

[2]) Vgl. Lazarus, Leben der Seele II, S. 211 ff.

[3]) Auch diese Bezeichnung findet sich schon bei Aristoteles, freilich in anderm Sinne. Er sagt nämlich a. a. O. Συνώνυμα δὲ λέγεται ὧν τό τε ὄνομα κοινὸν καὶ ὁ κατὰ τοὔνομα λόγος τῆς οὐσίας ὁ αὐτός, οἷον ζῶον ὅ τε ἄνθρωπος καὶ ὁ βοῦς, also Wesen oder Gegenstände, die als Unterarten Einer Gattung unter Einem allgemeinen Namen zusammengefasst werden. Für das, was der heutige Sprachgebrauch darunter versteht — verschiedene Namen Eines Begriffs — wofür man auch die Benennung grammatische oder etymologische Synonyma (im Unterschied von den logischen des Aristoteles) in Vorschlag gebracht hat, wäre der schon im Alterthum gebräuchliche Name Polyonyma passender. S. Tittmann, De Synonymis in N. T. rectius dijudicandis p. VIII s. — Die Rabbinen nennen die Synonyma שְׁמוֹת הַנִּרְדָּפִים, die Araber unterscheiden مُتَرَادِف Synonym und مُشْتَرَك Homonym.

[4]) Belehrend ist auch, wenn z. B. der Kâmûs das arab. حِلْم Geistesreife mit وَقَار Schwere, Gewichtigkeit umschreibt, während derselbe Begriff im Chald. und Syr. durch הֲנָיָא, ܗܢܐ, also eig. Leichtigkeit ausgedrückt wird, da sowohl ruhige Gesetztheit als gefällige Leichtigkeit im Umgang ein Merkmal des reifen Geistes ist. S. Fleischer zu Levy's Chald. Wtb. I, 424.

Leicht zu erklären ist der Grund solcher mehrfacher oder vielfacher Benennung eines Dings. Substanzen, seien sie materieller oder geistiger Natur, werden ja benannt nach ihren Merkmalen, und zwar enthält ein Substantivum je Ein solches Merkmal[1]); es sind daher an sich so viele Substantiva für ein Ding möglich als Merkmale an ihm entdeckt werden. Je erfinderischer die Phantasie eines Volkes in der Entdeckung solcher Merkmale oder Beziehungen eines Dinges auf das anderweitig Bekannte ist, desto reicher wird sein Sprachschatz, indem es auch für längst Bekanntes und Benanntes immer wieder neue Namen bilden kann. Die so entstehenden Synonyma ergänzen sich, und geben in ihrer Gesammtheit mehr oder weniger vollständig den Begriff, von welchem ein jedes von ihnen ein Merkmal angibt oder andeutet. Doch ist zu beachten, dass sie auch dann, wenn der angestrebte Begriff ganz derselbe ist [2]), nicht den selben Weg zu seiner Auffassung eingeschlagen haben, weshalb sie nie ganz gleichbedeutend sind. Eben dadurch, dass sie einem verschiedenen Merkmale des Begriffs den Vortritt und das Uebergewicht einräumen, entsteht eine Differenz oder doch eine Variation im Wortsinn[3]). Gegen solche oft sehr zarte Schattirungen stumpft sich freilich das Sprachgefühl leicht ab; sie entschwinden mehr und mehr dem Bewusstsein. Desto nöthiger aber ist es, dass der Sprachforscher, zu dessen Aufgabe es gehört, die Geschichte der Begriffe aus der Sprache psychologisch zu entwickeln, gerade auf solche Gruppen von Synonymen sein Augenmerk richte, welche die Bildung eines Begriffs von verschiedenen Seiten darstellen[4]).

---

[1]) Vgl. Pott in Lazarus' und Steinthals Zeitschrift I, 345 f.
[2]) Dies fordert die Bezeichnung „Synonyma", wie wir sie verstehen.
[3]) Tittmann (l. c. I, IV): *Quae synonyma dicuntur licet ad communem quandam notionem referri possint, habent tamen quaeque proprium quendam modum et veluti signum rei quae cogitatur.* Speziell für das Hebräische s. die in der Z. d. D. M. G. XVII, 318 f. angeführte Aeusserung S. D. Luzzatto's.
[4]) Einen Ueberblick über das in der hebräischen Synonymik bisher Geleistete hat Mühlau (jetzt Prof. in Dorpat) in der Z. d. D. M. G.

Wenige Begriffe aber dürfte es geben, deren sprachliche Formen uns einen so lehrreichen Einblick in die Werkstätte der Sprache gewähren können, wie der Begriff der Zeit, welcher einerseits dem Menschen so nahe liegt, dass er schon bei den ersten Anfängen des Denkens in irgend einer Einkleidung sich einfindet, anderseits doch so abstrakt ist, dass er nur sehr allmählich erfasst und erst bei philosophischer Untersuchung nach seinem wahren Wesen erkannt werden kann. Die Zeit ist nicht ein Gegenstand, sondern wie der Raum eine blosse Daseinsform, liegt aber der sinnlichen Wahrnehmung noch ferner als dieser. Den Alten kam sie wie etwas Abstruses vor: Galenus hat die Zeit etwas Göttliches und Unbegreifliches genannt, und Augustinus sagt von ihr: *Si nemo ex me quaerat, quid sit tempus, scio; si quaerenti explicare velim, nescio.*

Vollends merkwürdig ist die Art und Weise, wie die Sprache, obwohl verhältnissmässig arm an Mitteln, auch das auszudrücken strebt, was nicht einmal der Verstand auf der höchsten Stufe seiner Entwicklung beherrschen kann: das Unendliche, wovon die Idee in der Vorstellungswelt heimisch ist lange bevor sie durch die Konsequenz des Gedankens geläutert wird. Der Sprache, welche mit der Vorstellungskraft Schritt zu halten sich müht, gelingt es freilich ·nicht, einen völlig adäquaten Ausdruck für das Unendliche zu finden, aber die Schwierigkeit, die dies verhindert, treibt nur zu neuen Versuchen, welche ein eigenthümliches Licht verbreiten über die Wege, welche der Mensch einschlägt, um über das Endliche, Sinnliche hinaus zu dem Unendlichen zu gelangen, welches seinem Bewusstsein innewohnt, wie das Buch Koheleth (3, 11) sagt. Auf die theologischen Konsequenzen einzugehen, welche

---

Bd. XVII (1863) S. 316 ff. gegeben. Besondere Berücksichtigung verdienen hier: die früheste hebr. Synonymik, von Abraham b. Isaak Bedarschi verfasst (XIII. Jahrh.) und חתם הבנים betitelt (herausg. von Polak, Amsterdam 1865.), und die jüngste, Sal. Pappenheims ירדיעת שלמה (I Dybrenfurth 1784; III ebenda 1811; II Rödelheim 1831. 4), ein grossartig angelegtes, bis jetzt unübertroffenes Werk.

sich aus unserer Erörterung der hebräischen Bezeichnungen der Ewigkeit ergeben könnten, ist weder unsere Absicht noch unsere Aufgabe; es würde dies eine eigene Abhandlung erfordern. Wir werden uns damit begnügen, eine Zusammenstellung der Synonyma des Zeitbegriffs zu versuchen, welche zu nicht ganz unfruchtbaren sprachlichen Beobachtungen Anlass geben wird.

Beachtenswerthe Darstellungen dieser Wortgruppe haben schon die genannten jüdischen Sprachgelehrten gegeben. Eingehend bespricht namentlich Sal. Pappenheim (יריעות שלמה Theil I fol. ז — ד[b]) den Zeitbegriff und seine Wortformen, nicht ohne diese etymologisch abzuleiten und von Gesichtspunkten der neuern (besonders kantischen) Philosophie aus zu klassificiren. Dass Letzteres dem sprachlichen Verständniss eher Eintrag gethan, Ersteres im Vergleich mit dem heutigen Stand der Wissenschaft noch höchst unvollkommen geschehn ist, werden wir an einigen Beispielen zu zeigen Gelegenheit haben. Namentlich vermisst man hier jede Vergleichung mit den übrigen semitischen Sprachzweigen. Bei dem bereits angedeuteten Sachverhalt ist aber selbstverständlich, dass wir uns einer durchgehenden Beiziehung derselben nicht werden entschlagen können. Insbesondere wird das Arabische uns unentbehrlich sein, nicht bloss zur Vervollständigung und Ableitung der hebräischen Formen, sondern auch im Allgemeinen zur Konstatirung der semitischen Spracheigenthümlichkeiten. Die nicht semitischen Sprachen dagegen werden wir nur beiläufig berühren, wenn sie auffallende Parallelen bieten.

Die Eintheilung betreffend werden wir scheiden zwischen der endlichen und der unendlichen Zeit oder zwischen Zeit und Ewigkeit, obgleich sich zeigen wird, dass die Trennung der zu diesem und zu jenem Begriffe gehörigen Wörter nicht absolut vollzogen werden kann. Noch weniger würde es sich empfehlen, innerhalb des Zeitbegriffs das, was man die verschiedenen „innern Sprachformen" genannt hat, also Zeitpunkt, Zeitraum u. s. w. zu leitenden Gesichtspunkten für die Eintheilung zu machen, da dies die Einsicht in die Genesis der Bedeutungen nur stören und erschweren, die Uebersichtlichkeit aber nicht vermehren könnte, indem viele von den zu besprechenden Ausdrücken sich nicht ohne Gewalt in eine von diesen Kategorien einreihen lassen. Wir ziehn es daher vor, den elementaren Wortbedeutungen nachzugehn und dieselben je nach ihrer Aehnlichkeit an einander zu reihen, indem wir übrigens nicht verhehlen, dass gerade hinsichtlich dieser Grundbedeutungen Manches noch nicht unumstösslich feststeht, Einzelnes sogar noch sehr unsicher ist.

I. DIE ZEIT.

'Ο χρόνος ἀριθμός ἐστι κινήσεως
κατὰ τὸ πρότερον καὶ ὕστερον.
Aristoteles.

So verschieden auch der Begriff der Zeit in den einzelnen philosophischen Systemen angesehn und gewerthet worden ist, kaum wird man ihn definiren können, ohne ihn mit der Bewegung auf's engste in Verbindung zu bringen[1]). Die Zeit ist nicht denkbar ohne eine Bewegung, eine Veränderung der Dinge; sie ist eine Form, welche durch die Bewegung erzeugt und aus ihr erkannt wird. Aber nicht bloss dem reflektirenden Verstand, auch der naivsten Weltbetrachtung — und dieser erst recht — erscheint die Zeit als etwas mit der Bewegung eng Zusammengehöriges, wie denn alle Sprachen diesem Zusammenhang Ausdruck geben. So unbedenklich wie man im Deutschen von der Zeit sagt: sie kommt, sie eilt, sie ist vergangen, redet der Lateiner von einem *decursus aetatis,* einem *fluxus temporum* u. dgl.

Die Vorstellung der Bewegung besitzt aber der Mensch bereits, wenn er die Zeit zum Objecte seiner Auffassung macht; er hat sie im Gebiete des Raumes unmittelbarer aus sinnlichen Anschauungen gewonnen. Die räumliche Bewegung wird daher das Apperzeptionsorgan (nach der jetzt gangbaren Terminologie), die zeitliche das Apperzipirte. Und zwar nicht bloss in einzelnen Formen des Ausdrucks findet diese Apperzeption zwischen Raum und Zeit statt, sondern ganze Komplexe von Vorstellungen werden

---

[1]) Wir verweisen auf den Abschnitt über Raum und Zeit in Trendelenburgs Logischen Untersuchungen I 156 ff. 3. Aufl. 1870.

aus dem Räumlichen in's Zeitliche hinübergetragen. Die räumlichen Verhältnisse in ihrem Zusammenhang müssen zur Veranschaulichung der zeitlichen behülflich sein. Die durch das Nebeneinander entstandene Reihe dient zur Darstellung der Reihe des Nacheinander. Mittelst des räumlichen Vorneseins wird das zeitliche Prius, mittelst des räumlichen Zwischenraumes der zeitliche Abstand ausgedrückt. Die semitischen freilich wie die indogermanischen Sprachen verfahren bei dieser Uebersetzung der räumlichen Bewegung und Proportion in zeitliche mit einer bemerkenswerthen Inkonsequenz, indem sie, je nach der Anschauungsweise, der Zeitbewegung eine entgegengesetzte Richtung zusprechen. Entweder nämlich erblickt man in der Zeit eine Bewegung von der Vergangenheit zur Zukunft: die Zeit schreitet vor; was dem Menschen noch künftig ist, was er noch erwartet, was ihm noch bevorsteht (المستقبل), das liegt vor ihm; was vergangen ist, das liegt hinter ihm. Zu dieser mehr individuellen Betrachtungsweise kommt aber die mehr geschichtliche. Als das „Vorderste" (רֵאשִׁית[1]) gilt hier der Anfang einer ganzen Kette von Geschlechtern, Zeiten u. s. w., in welcher die Gegenwart ein Glied ist, welchem die Vergangenheit vorausgieng (daher קֶדֶם Vorzeit), und welchem die Zeit der Nachkommen nachfolgt. Die fernste Zukunft ist hier das „Hinterste" (אַחֲרִית). Aus dieser zwiefachen, auf die Sprache einwirkenden Vorstellungsweise könnten wie über-

---

[1] Stammwort: ראש Kopf, welcher hier nicht als das Oberste im Gegensatz zum Fuss (Jes. 1, 6), sondern als das Vorderste im Gegensatz zum Hintersten, Letzten (סוֹף Koh. 3, 11) in Betracht kommt. Während daher das hebr. הֵחֵל (Wurzel חל lösen, entbinden, daher eröffnen beginnen; vgl. syr. ܦܥܠ Paël: anfangen) stets die rein zeitliche Bedeutung des Anfangs hat, lässt sich das von ראשית nicht sagen, bei welchem die räumliche oft noch zum Vorschein kommt, besonders in tropischer Weise wie Am. 6, 6 u. a. Man vergl. auch den Unterschied zwischen בְּרֵאשִׁית Num. 10, 14 und בַּתְּחִלָּה Jud. 1, 10 (s. dazu Bertheau). In der talmud. Terminologie bedeutet לכתחלה von vornherein opp. לשעבר nach vergangener oder בדיעבד nach gethaner Sache, hinterdrein.

all, wo entgegengesetzte metaphysische Begriffe sich an den selben physischen anlehnen, Zweideutigkeiten[1]) hervorgehn, wenn nicht auch abgesehen vom Redezusammenhang der Sprachgebrauch die betreffenden Ausdrücke meist bestimmter geprägt hätte, so dass z. B. bei „Vorzeit" niemand an die noch vor uns liegende Zeit denkt, dass ferner das lateinische *retro* zeitlich gebraucht eben so gewiss auf die Vergangenheit geht als das griechische ὀπίσω auf die Zukunft. Auch insofern bleibt sich die Vorstellung nicht gleich, als man sich entweder die Zeit als dem Menschen oder den Menschen als der Zeit entgegengehend denkt[2]). Das Gewöhnlichere ist aber, dass die Zeit an den Menschen herantretend und über ihn hinweggehend, allenfalls auch ihn vorwärtstragend, jedenfalls also als das bewegliche Element angeschaut wird. Es kann uns daher nicht befremden, wenn wir von den verschiedensten Völkern **die Zeit selber nach ihrer Haupteigenschaft, der Bewegung benannt** finden. In reichem Mass ist dies der Fall in den arischen Sprachen.

So kommt wahrscheinlich aus der einfachen Wurzel *i*, gehen[3]),

---

[1]) Eine solche Zweideutigkeit notirt Beidâwî ed. Fleischer, I, p. 131 zu Sure II, 256 für die Wendung مَا بَيْنَ أَيْدِيهِمْ وَمَا خَلْفَهُمْ. Die erstere Bestimmung geht deutlich genug ursprünglich auf das räumliche (eig. leibliche) Vornesein, wie etwa unser Fronte, wird dann aber frappanter Weise auf die Zeit übertragen, wie übrigens auch das hebr. פָּנִים in לִפְנִים vormals (z. B. Jud. 1, 10. 11. 23.) und die arab. Ww. أَنَفَ, صَدَرَ u. s. w. Auf die Zeit bezogen kann sie nun an sich eben so gut das Vergangene (Vorangegangene) als das Künftige (Bevorstehende) bezeichnen, daher sich streiten lässt, ob in der obigen Verbindung Vergangenheit oder Zukunft als das Vornliegende betrachtet und an erster Stelle namhaft gemacht sei.

[2]) Ueber die daraus resultirenden Verschiedenheiten in der temporalen Terminologie der arab. Grammatik s. Fleischer in den Sitzungs-Berichten der k. sächs. Ges. der Wissenschaften 1864. S. 286.

[3]) Fick, Vergleichendes Wörterbuch der indogerman. Sprachen, 1870 S. 20 und 345.

der vielverzweigte Stamm *aiv*[1]), wozu sanscr. *évas*, Gang (*âyus* Leben, Lebenszeit), griech. αἰϝέν, αἰϝεί, αἰϝών, lat. *aevum, aetas* (= *aevitas*), goth. *aivas*, Zeit, Ewigkeit, althd. *êwa* u. a. m. gehören. Der erweiterten Wurzel *yâ*[2]), gehen, fahren, von der Zeit: verstreichen, vergehen, entstammt das sanscr. *yâtus*, Zeit[3]), ferner das lat. *Jânus;* wahrscheinlich aber auch zend. *yâre* (Jahr), griech. ὥρα (Jahreszeit, Blüthezeit), althd. *jâr* u. s. w.

Die Zahl dieser Beispiele liesse sich noch beträchtlich vermehren. Wenden wir uns indessen zu den semitischen Sprachen, so haben wir dieselbe Erscheinung; nur dass in diesen die elementare sinnliche Bedeutung, von welcher bei Benennung der Zeit ausgegangen wird, selten so allgemein ist wie in den angeführten arischen Wortstämmen. Merkwürdig sind hier die **mannigfachen Variationen der Bewegung**, an welche sich in entsprechender Weise **mannigfache Modificationen des Zeitbegriffs** knüpfen. Je weniger der Mensch mit Reflexion über abstrakte Begriffe den Anfang macht, desto weniger ist es der allgemeine Zeitbegriff, der ihn zuerst beschäftigt. Was zunächst ihn anregt, ist das sinnlich Wahrnehmbare, das, was in der Zeit oder zu Zeiten geschieht, geschehen ist oder eintreffen soll. In Folge dessen sind es zunächst gewisse durch ihren Inhalt sich auszeichnende Zeitpunkte oder durch ihre Eigenthümlichkeiten auffallende Perioden, welche seine Aufmerksamkeit auf sich ziehen. Diese charakteristischen, verschieden gearteten Zeitvorstellungen aber finden naturgemäss ihren Ausdruck in verschiedenartigen Bewegungen. In Hinsicht auf Richtung, Intensität, Extension u. s. w. ist ja die Bewegung der vielfachsten Qualificirung fähig. Sie kann als vorwärts oder rückwärts gehende, näher kommende oder sich entfernende, langsam oder schleunig, schritt- oder stossweise sich vollziehende, als vibrirende oder kreisende vorgestellt werden,

---

[1]) Curtius, Grundriss der griech. Etymologie (3. Aufl. 1869) S. 359.
[2]) Fick, a. a. O. S. 331 f.
[3]) Curtius a a. O. S. 160.

Die Zeitnamen עֵת und שָׁנָה.   17

und es wird sich zeigen, wie sinnig die Sprache von diesen Variationen zur Kennzeichnung der verschiedenen Gestaltungen des Zeitbegriffs Gebrauch zu machen weiss.

Noch ziemlich allgemein würde die Zeitbewegung dem hebräischen עֵת zu Grunde liegen, wenn dieses gebräuchlichste Wort für Zeit, welches meist Femin.[1]) ist, mit Suff. עִתִּי, im Plur. עִתִּים und עִתּוֹת[2]) lautet, nach Gesenius' *Thesaurus* p. 993 (עֵת contr. ex עֶדֶת fem. voc. עַד, ut לַת ex לֶדֶת, אֵת ex אֶדֶת) von עָדָה, transiit, abzuleiten wäre, wie die Meisten annehmen. Lautlich steht dieser Annahme nichts im Wege, und dass עָדָה, welches wie im Chald. und Syr. auch im Arab. und Aethiop. in dieser Bedeutung (= עָבַר) vorkommt, sich auf die dahinschreitende Zeit beziehn lässt, beweist das diesem Stamme zuzutheilende עַד sowohl in der gewöhnlichen Bedeutung „bis" als in der Bedeutung „Ewigkeit", von welcher unten die Rede sein wird. Für עֵת aber ist diese Ableitung weder die einzig mögliche noch die ansprechendste, wie wir sehen werden.

Schon näher bestimmt erscheint die Zeit in einer zahlreichen Gruppe von Wörtern, auf welche das hebr. עוֹנָה führt. Dieses findet sich nur Ex. 21, 10 von der ehelichen Pflicht (LXX ὁμιλία), bedeutet aber ursprünglich die Zeit, wie das chald. עוּנְתָא, עֲנְתָא beweist, welches neben jener speziellen auch diese allgemeine Bedeutung hat; so *jer. Berachoth* II, 5 אחת עונתא דצלותא es kam die Gebetszeit, עונתא דבייכלא Essenszeit, עונתא של תאנא ללקוט die Reifezeit der Feigen[3]) u. s. w. Richtig bemerkt daher Abulwalid zu Ex. 21, 10: وقت البضاع كناية عن وذلك أيضا، Das Wort עוֹנָה aber ist nicht von עוּן (Gesen., Fürst, Levy) abzuleiten, sondern

---

[1]) Wie oft „Orte, Ortsgränzen u. Behältnisse", insbesondere auch zeitliche Räume oder Gränzen (nach Böttcher, Ausführliches Lehrbuch der hebr. Sprache, herausg. von Mühlau, § 641 ε, vgl. § 621). Später kommt es auch als Masc. vor wegen Verkennung des Ursprungs (s. ebenda § 648).

[2]) Vgl. Gesenius, Lehrgebäude der hebr. Sprache S. 474.

[3]) Levy, Chald. Wtb. II, S. 226.

2

nach Fleischer (zu Levy II S. 572) von עָנָה, welches höhere Potenz von אנה, arab. انو, عنو. Die Grundbedeutung des Stammes ist: entgegentreten; عَنَا Pl. أَعْنَاء heisst die Wolke (wie عَنَن Pl. أَعْنَان von dem nahe verwandten عَن) als die vom Himmel sich abhebende, vorragende, dem Blicke entgegentretende.[1]) Die temporale Wendung aber zeigt das arab. إِنَا Plur. آنَاء, die rechte, passende Zeit, eigentlich also: die eintretende, daherkommende, auf deren Eintreffen man gewartet hat. Daher bedeutet اِسْتَنَى entstanden aus اِسْتَنَاْنَى (X) im Vulgärarabischen: erwarten. Form I bez. das Eintreten der geeigneten Zeit z. B. Sure 57, 15 أَلَمْ يَأْنِ لِلَّذِينَ آمَنُوا أَنْ „Ist es nicht Zeit (ist nicht die rechte Zeit gekommen) für die Gläubigen, dass . . ." Und in 33, 53 bez. إِنَاهُ die dem Propheten gelegene Zeit, welche die Gläubigen zu ihren Besuchen abwarten sollen. Ueber die Form dieses Sing. von اناء sind übrigens die Araber selber nicht ganz sicher. Mit dem St. انى ist wohl eng zu verbinden der St. اون in der selben Bedeutung,[2]) woher das häufige W. آن wiederum: eingetretene eingetroffene, daher bes. rechte Zeit, ebenso أَوَان Zeit, Jahreszeit.

Aus der besprochenen Wurzel ענה ist nun nach Fleischer auch das schon erwähnte עֵת hervorgegangen, nämlich aus עֶנֶת (wie אַתְּ aus אַנְתְּ), mit Suff. עִתְּ (wie אִתְּ) aus עִנְתְּ. Die Bedeutung ist dann eigentlich: Entgegentretendes, Begegnendes, Eintretendes, sich Treffendes. Das chald. כְּעֶנֶת (Ezr. 4, 10 f. u. a.) und כָּעֵת kann man als Zeugen für den sonst assimilirten Wurzelkonsonanten anführen. Von ersterem bemerkt S. D. Luzzatto: *usansi a guisa d'introduzione ai discorsi, quasi: or dunque;* letzteres, unzweifelhaft temporal, steht

---

[1]) Vgl. auch Fleischer zu Delitzsch' Commentar zu Jesaja (Aufl. 2) S. 92 u. Gesenius' *Thesaurus* unter ענה.

[2]) Anders Dietrich in Gesenius' Hdwtb. unter אן, welcher von der Bed. aufathmen ausgehend für ان die Bed. (bequeme) Gelegenheit, Rechtzeitigkeit gewinnt.

Der Zeitname עֵת im Sprachgebrauch. 19

Dan. 2, 23 u. ö. in der Bedeutung: jetzt, nun. Das unstreitig von עֵת stammende עַתָּה „zur Zeit" liesse sich mit الآنَ, الآنَ zusammenstellen, עַד עַתָּה bis jetzt = עַד כְּעַן (Ezr. 5, 16) mit إلى الآنَ.[1]) Es ist auch nicht zu verkennen, dass eine solche Genesis dem Gebrauche des W. עֵת angemessener ist als die von עִדָּן; denn nicht etwa der unbestimmte, möglicherweise inhaltlos verstreichende Zeitverlauf wird damit ausgedrückt, sondern eine eigenthümlich besonderte Zeit, deren Eintreten ein Ereigniss oder doch eine Veränderung, deren Dasein eine Zuständlichkeit oder Umständlichkeit mit sich bringt. עֵת entspricht durchaus dem griechischen καιρός, nicht χρόνος. Freilich ist richtig, dass die alte hebr. Sprache für den einfachen Zeitbegriff überhaupt kein anderes Wort besass, weshalb es allenfalls auch an Stellen seine Verwendung finden kann, wo es um die abstrakte Zeitdauer zu thun ist, wo demnach χρόνος am Platze wäre. Dass dies jedoch mit Verwischung seines eigentlichen Gepräges geschieht, tritt in vielen andern Redeweisen zu Tage. Es genüge vorläufig hinzuweisen auf die vielen Stellen, wo es (analog dem עִנָּתָא in den obigen Beispielen) die Zeit einer Sache bedeutet, d. h. die Zeit, wo eine Sache einzutreten pflegt oder eintreten soll, wie die Geburten[2]) (Iob 39, 1 u. a.), die Reife der Früchte, die periodischen Regengüsse;[3]) ferner auf den spätern Gebrauch, עֵת für die Witterung zu setzen (Ezr. 10, 13). χρόνος konnte nicht leicht in diese Bedeutung übergehn,

---

[1]) Auch Pappenheim führt עֵת u. כֵּן auf Eine Wurzel zurück, findet diese aber in dem blossen ע. welches die Bewegung (הנועה) ausdrücken, und wovon עֵת u. כֵּן Modificationen sein sollen.

[2]) Richtig bemerkt Pappenheim, dass dieses עֵת einen Gegensatz, also eine qualitative Unterscheidung der Zeit in sich trage, dass dem עֵת לֵדָה (Koh. 3, 2) ein לֵדָה בְּלֹא עֵת entspreche.

[3]) Man vergl. dazu die Unterscheidung von χρόνος u. καιρός bei Severianus: Χρόνος μὲν μῆκός ἐστι, καιρὸς εὐκαιρία; ähnl. Cäsarius (*Quaest.* XXXV), welcher fortführt: Οὐ γάρ φαμέν· χρόνος ἐπέστη ἀμήτου ἢ τρυγήτου ἀλλὰ καιρός· οὐδὲ χρόνος γῆμαι τὴν νεᾶνιν ἀλλὰ καιρός. Treffender Ammonius: Ὁ μὲν καιρὸς δηλοῖ ποιότητα, χρόνος δὲ ποσότητα.

2*

καιρός dagegen bedeutet in der That im Neugriechischen das Wetter.[1]) Für eine solche qualitativ unterschiedene Zeit passt aber ein Name von עֵת entgegentreten, da ja dieses nur von einer Zeit gesagt werden kann, welche, irgendwie sachlich qualificirt, von der vorhergehenden (und nachfolgenden) sich abhebt. Will man dagegen die Ableitung von עָדָה festhalten, so darf man wenigstens als Grundbedeutung von עֵת nicht die beständig vorübergehende, gleichmässig fortgehende, eintönig verstreichende Zeit sich denken, sondern es ist dann zunächst eine bestimmte Schrittbewegung der Zeit, durch welche ein gewisser Inhalt am Menschen vorübergeführt wird; dazu wäre das äthiop. ጊዜ፡ (*gîzê*) Zeit, und zwar bestimmte, günstige Zeit und dergl. von جاز, hebr. גֵּוָה (vgl. Ps. 90, 10 von der Zeit), syr. ܚܠܦ vorübergehen, zu vergleichen. Da indessen für עֵת noch eine dritte Erklärung Berücksichtigung verdient, werden wir auf das Wort zurückkommen.

Stärker noch als bei آن tritt die Verbindung der Zeit mit dem, was sie bringt, bei dem vielleicht auch lautlich verwandten حِين (n. unitat. حِينَة) auf. Dieses drückt die Zeit oder den Zeitpunkt aus, wo etwas in seiner Vollendung eintritt (vgl. das griech. ἀκμή); es kann daher in gutem und schlimmem Sinne gebraucht werden, besonders aber ist das letztere häufig; so bezeichnet الحَيْن mit einer Art Euphemismus geradezu den Tod, das Verderben, z. B. in den hundert Sprüchen Ali's (herausg. von Fleischer) Spr. 70: البغى سائق الى الحَيْن „der Uebermuth treibt in's Verderben", wo die arab. Paraphrase lautet: الى العطب والفناء Auch حِين wird namentlich angewandt zur Bezeichnung des Endpunktes, wo das Leben des Menschen in der Welt sich vollendet. So Sure 2, 34 وَلَكُمْ فِى ٱلْأَرْضِ مُسْتَقَرٌّ وَمَتَاعٌ إِلَى حِينٍ, wozu Beidâwi: يريد به وقت الموت او القيامة ähnl. 7, 23 u. ö.; häufiger

---

[1]) Vgl. Curtius, a. a. O. S. 108.

Die Zeit als treibende Bewegung. 21

steht indessen in diesem Zusammenhang أَجَلْ. Vergleiche auch für das Verhältniss von حِين zu دَهْر Sure 76, 1. Mit حِين sinnverwandt ist endlich فَيْنَة ¹) von فَانَ = جَاء, wie die Araber sagen. — Bei all diesen Wörtern ist zu beachten, wie eng die Vorstellung der Zeit mit der ihres Inhalts verflochten ist, ohne welche sie in dieser Weise gar nicht möglich wäre; die Quantität der Zeitdauer dagegen tritt hier ganz zurück hinter dem Eigenthümlichen, was mit der Zeit eintritt oder in ihr vorgeht.

Eine andere ebenfalls spezifisch semitische Modification der Bewegung zum Behuf der Zeitdarstellung zeigen die Benennungen der Zeit, welche von der Grundbedeutung des Treibens, Stossens ausgehen. Unter diesen sind zunächst zu erwähnen die von der Wurzel اب oder اف *movit, pepulit* abgeleiteten; vgl. die Verba أَبَّ, أَقَتَ, أَفِلَ, أَفَرَ, auch أَفَنَ ²). Auf die Bedeutung treiben führt auch das N. أُبّ welches das sprossende Grün, die Wiese bezeichnet; ebenso finden sich Derivata von diesem Stamm in den übrigen Dialekten (s. Gesen. *Thesaurus* p. 4), namentlich solche, welche Benennungen vegetabilischer Produkte des treibenden Wachsthums sind. Uebertragen auf's geistige Gebiet ist أَبّ die Absicht als Moment oder Motiv, welches zu etwas treibt (vgl. السّاعت das Motiv). Noch kräftiger zeigen die Grundbedeutung die Derivata von اف im Sinne von: gemüthlich beengt, verzagt sein. Von dieser Wurzel nun (nicht von ابن oder افن, wie die arab. Lexicographen angeben) stammt das Nomen إِبَّان = إِفَّان (mit den verw. Formen أَقَف, إِفَاف, تَفْعَة u. s. w.) in der Bedeutung Zeit, günstige Zeit. Nach dem angegebenen Ursprung kommt dieser Name wohl zunächst dem einzelnen Zeitmoment zu, welcher so

---

¹) Ueber dessen Gebrauch als Gattungseigennamen für eine bestimmte Zeit s. Fleischer, Sitzungsberichte, 1866, S. 292.

²) Eig. zurücktreiben, daher schmälern, vermindern; s. Delitzsch' kürzern Comm. zu den Psalmen S. 539 und den umfänglicheren Bd. I S. 658 f.

heisst als der treibende, nachdrängende[1]), nachtretende, nachrückende, welcher dem vorhergehenden auf dem Fusse folgt (vgl. die R. A. اِفْفَ ذٰلِكَ جَاءَ عَلَى, *venit statim post hoc*), daher dem rechten, für etwas passenden Moment. Dann heisst إِبَّانٌ od. إِفَّانٌ vermöge naheliegender Verschmelzung der einzelnen Momente: die Zeitfolge, d. h. die Zeit, wie sie aus solchen treibenden Momenten anwächst, die Zeit als Strom, welcher gleichsam aus unaufhörlich nachdrängenden Wogen gebildet wird[2]), in der Sprache der neuern Philosophie: die Zeit als Successionsreihe[3]) oder die Zeit nach dem Verhältniss ihrer einzelnen Theile zu einander, welches eben das der Folge ist.

Für das Hebräische nun wäre diese Gruppe besonders von Bedeutung, wenn das dem spätesten (nachexilischen) Hebraismus angehörige זְמָן analog zu erklären wäre. Dieses Wort kennen alle Dialekte des Semitismus; es ist daher seine Ableitung nicht anderswo zu suchen[4]). Schauen wir uns aber in diesem Sprachgebiet nach einem physischen Begriff um, welcher zu Grunde liegen könnte, so bietet das arab. زَبَنَ stossen einen solchen, welcher mit dem eben besprochenen gleichartig ist.[5]) زَبَنٌ[6]) wäre dann gleich زَمَنٌ (wie im Syr. ܐܙܠ und ܐܙܒ aus Einer Grundform entstanden sind), woher زَمَنٌ, häufiger زَمَانٌ, welche beiden Formen nach Angabe der arab. Sprachkundigen ganz gleichbedeutend

---

[1]) Vgl. das französ. *instant* Augenblick, von *instare*.
[2]) Vgl. أَبَابٌ, أَبَابُ Fluth; äthiop. አባዊ: (*abāwi*) der Nilstrom.
[3]) Leibnitz, *Opera philosophica* ed. Erdmann p. 752.
[4]) Vgl. Ewald in den Götting. Gel. Anz. 1858. S. 97 ff.
[5]) Wie Prof. Fleischer mir mittheilte, sieht er darin wirklich den Ursprung des Wortes.
[6]) Ableitungen davon sind زَبَنٌ eig. stössig, زِبْنِيَةٌ Plur. زَبَانِيَةٌ in ähnl. Bed.: die ungehorsamen Menschen und Geister, aber auch die Engel, welche das Höllenfeuer bewachen und die daraus Entrinnenwollenden zurückstossen; endlich auch verschiedene Polizei- und Militärbeamte, welche die Unruhigen gleichsam in die Reihe zurückstossen, u. a.

Die Zeit als ungehemmte Bewegung. 23

sind, und sowohl eine lange als eine kurze Zeit bezeichnen können[1]). Dazu gehört das *n. unit.* زَمْنَة eine Zeit (z. B. eine Zeit her, زَمَنَة مُلْ), das Diminut. زُمَيْن, ferner زَمِين eig. chronisch, dann besonders paralytisch Kranker. Die Genesis der Bedeutung Zeit wäre bei dieser Ableitung analog der bei إِبَّان besprochenen zu denken. Jeder neue Moment ist ein Nachstoss oder auch Vorstoss[2]); die Zeit hiesse also زَمَان als die in sachten aber unaufhörlichen Stössen sich bewegende, als die pulsirende. Der Charakter indessen, welcher dem Wort im Aramäischen, wo es besonders heimisch ist, anhaftet, lässt weniger eine Grundbedeutung vermuthen, welche die Bewegung, als vielmehr eine solche, welche deren Sistirung oder Fixirung ausdrückt. Wir werden daher noch unter einer anderen Kategorie von Benennungen der Zeit davon zu reden haben.

Näher als die bisher besprochenen berühren sich mit unsrer Anschauungs- und Redeweise diejenigen Beispiele, wo die quantitative Dauer einer Zeit angezeigt wird durch die Art der Bewegung, welche zum Vehikel ihrer Darstellung gewählt worden. Diese Fälle sind zahlreich. Wenn z. B. der Bewegung freier Lauf gelassen wird, dass sie sich ungehindert ausdehnen kann, erweckt dies leicht die Vorstellung einer längern Zeitdauer. Zwei Wurzeln, welche die ungehemmte Bewegung ausdrücken und auf die Zeit angewendet werden, sind z. B. عتك und مَلا. Von عَتَلَ nämlich und dem nahe verwandten عَتَق ist der Grundbegriff: sich frei von der Stelle bewegen, fortrücken, vorrücken, *avancer;* daher denn עָתֵק, عَتَكَ *aetate provectus est,* vgl. עָתִיק, welches eine lange, einheitlich, nicht abgebrochen vorrückende Zeitdauer in sich schliesst. Aber auch als Name der Zeit selber kommt das

---

[1]) Im Gegensatz zu وَقْت ist es allerdings eine längere Zeit, s. De Sacy, *Chrestom. Arabe* I, p. 409 (2 éd.).

[2]) Letzteres würde weniger auf die Vorstellung der Zeitfolge als die der anschwellenden, anwachsenden Zeit führen (vgl. franz. *pousser*).

arab. عَتُدَ vor; der Kâmûs bemerkt, es stehe für عَاتِدُك (Abstractum wie häufig statt des Concretums) — richtig, denn die Zeit gilt der naiven Weltbetrachtung nicht als blosse Bewegung, überhaupt nicht als blosses Accidens, sondern als etwas Substanzielles, von welchem die Bewegung als vornehmstes Merkmal sich prädiziren lässt. Aehnlich ist bei den besonders für längere Zeiträume gesetzten Ww. ܡܠܐ, ܡܵܠܘܵܐ, ܡܠܘܵܐ, ܡܠܠܘܐ (Adj. مَلِيّ diuturnus, Form II: lange, ausgedehnte Frist geben, ähnlich wie متّى) das Moment des sich lange Hinziehens der Dauer angedeutet in dem Grundwort: ܡܠܐ = in freien, grossen Schritten sich fortbewegen. **Wird also der Bewegung Raum gegeben, so bildet sie eine ausgedehnte Zeit ab.**

Dagegen wirkt die **Beschleunigung** der Bewegung naturgemäss **verkürzend** auf die Zeitvorstellung. Als Beispiel dafür führen wir zunächst an das aramaisirende שָׁעָה, welches wir nach Hitzig (zu Dan. 3, 6) von سَعَى ableiten[1]); dieses Verbum, seiner Bedeutung nach nicht sehr verschieden von ܡܠܐ, bezeichnet wie dieses ein intensives Gehen, Laufen, welches aber hier in Betracht kommt als ein eiliges, hastiges, wie es auch in andern Sprachen gern auf eine kurze, rasch entfliehende Zeit angewendet wird[2]). Die im Chald. Syr. Arab. Aethiop. herrschende Bedeutung von שעה ist allerdings eine bestimmtere. Es bez. die Stunde, welche aber eben als der zwölfte Theil des Tages und der Nacht lange das kürzeste Zeitmass gewesen ist[3]). Auch steht שָׁעָה, wo

---

[1]) Nach Gesen. u. den Meisten gehört es zu שָׁעָה blicken. Dann entspräche es recht eigentlich dem deutschen „Augenblick", dem sanscr. *kšana* für *ikšana*, und wäre an die sofort zu behandelnden Wörter רֶגַע, פֶּתַע anzuschliessen. Nach Andern ist die Wurzel: רשע, وسع weit sein, in welchem Fall es wie مُدّة eine ganz unbestimmte Zeitdauer, ein beliebiges *spatium temporis* ausdrücken würde.

[2]) Vgl. das latein. *ruit hora*.

[3]) Vgl. für das deutsche *stunt, stunta* (eig. Augenblick) Grimm, deutsche Grammatik, III. 231.

Der Zeitname שעה im semitischen Sprachgebrauch. 25

es sich nicht um eine astronomisch gemessene Stunde handelt, für eine recht kurze Zeit. In den Targum ersetzt es gewöhnlich das hebr. רֶגַע. Im Buch Daniel findet es sich mehrmals in der Verbindung בַּהּ שַׁעֲתָא im Sinne von augenblicklich[1]), sofort[2]). Es entspricht ganz dem syr. ܒܗ ܒܫܥܬܐ. Zu vergleichen ist auch das arab. مِنْ ساعتى, *extemplo*. Namentlich dient das Wort mit demonstrativem Zusatz zur Bezeichnung des gegenwärtigen Moments. So chald. הָא שַׁעֲתָא aus הָשַׁעֲתָא = jetzt, soeben; gleichfalls im syr. ܗܳܫܳܐ, ܗܳܐ und vulgärarab. إسَّا für السَّاعة (ital. *ora*, franz. *or*) jetzt; للسَّاعَة für السَّاعَة (ital. *ancora*, franz. *encore*) *adhuc*.[3]) Im Arabischen finden wir ساعَة (seltnere Form سُوَيْعَة) zuweilen mit der Tendenz, die damit gemeinte Zeit als möglichst kurz erscheinen zu lassen; wir erinnern an die koran. Phrase: لا يَسْتَأْخِرُونَ ساعَةً „nicht um eine Stunde können sie (den Termin) hinausschieben" z. B. Sure 7, 32, wo Beiḍâwî umschreibt: لا—اقصِر وقت. Vgl. ferner die Sprichwörter[4]): يعمل النمّام فى ساعة فتنة اشهر „der Ohrenbläser stiftet in einer Stunde Unfrieden für mehrere Monate" und: جولة الباطل ساعة وجولة الحقّ الى الساعة „der Irrthum waltet eine Stunde, die Wahrheit ewig" (vgl. Prov. 12, 19). الساعة heisst nämlich hier wie durchgängig im Koran die Stunde κατ' ἐξοχήν, d. i. die Stunde der Auferstehung. Beiḍ. erklärt الساعة S. 30, 54: القيامة سمّيت بها لانّها تقوم فى آخر ساعة من ساعات الدنيا او لانّها تقع بغتة Die Bedeutung „Stunde" konnte endlich leicht in die der jeweiligen, bald

---

[1]) Ganz ebenso mhd. *ze stunde* (*momento, statim*), *sâ zestunde Trist.* 3696; *sâ zestunt Gudr.* 1160; *Trist.* 1136; s. Grimm, deutsche Grammatik III, 148.

[2]) Die Augenblicklichkeit wird dabei noch mehr urgirt als in dem daneben gebrauchten בֵּהּ זִמְנָא.

[3]) S. Fleischer, Hallische Literaturzeitung, Ergänzungsblätter 1838 S. 161.

[4]) Zerstreute Perlen (herausg. von Fleischer) Nr. 274 u. 47.

Die Zeit als schleunigste Bewegung.

so bald anders gearteten Zeit übergehen, wie wir es in der talmud. Sprache finden. So galt nach einem Grundsatze des traditionellen Gesetzes das *Bêth Din* für befugt, mosaische Gesetze zu suspendiren לכך צריכה שעה, wenn die Zeit es so verlangte.[1]) Ferner *Berachoth* 64ª:

כל הדוחק את השעה   שעה דוחקתו
וכל הנדחה מפני השעה   שעה נדחת מפניו

Wer die Zeit stösst, den stösst die Zeit;
Wer sich aber vor ihr drückt, vor dem drückt sie sich.

Gehen wir weiter, so lässt sich die Schnelligkeit bis zu einem höchsten Grade steigern: der schleunigsten Bewegung entspricht die kürzeste Zeitdauer. Es ist eine auch in den abendländischen Sprachen häufige Metapher, dass solche Thätigkeiten, die eine möglichst rasche Bewegung mit sich bringen, das plötzliche Eintreten von etwas oder die denkbar kürzeste Zeitdauer versinnbilden. Alle diese Sprachen haben dazu meistentheils die geschwindesten Thätigkeiten der Glieder des menschlichen Leibes entlehnt.[2]) Hebräische Wörter dieser Art sind רֶגַע und פֶּתַע. Das Verbum רָגַע weist auf dieselbe Wurzel zurück wie رجف, רגז, רגש u. s. w., welche alle ein heftiges Bewegtsein oder Erregtsein ausdrücken. Schon Alb. Schultens (*Orig. Hebr.* L. I, c. 10) identificirt dieses רֶגַע richtig mit رَعَج (bes. VIII) *tremulo motu agitari*, welches vom Zucken des Blitzes, vom Hin- und Hergehen des Wagezüngleins und dergl. gebraucht wird.[3]) Im Hebr. hat das Wort als Transitivum die Bed. erschüttern, erregen, in Zitterbewegung versetzen[4]), z. B. das Meer Jes. 51, 15 LXX

---

[1]) Philippsons Israelitische Religionslehre, Abth. I S. 93.
[2]) Beispiele aus den germanischen Sprachen s. Grimm, deutsche Gramm. III, 129 und besonders bei Tobler in Lazarus' u. Steinthals Zeitschrift V, S. 311. 320 ff.
[3]) Vgl. auch كفة von dem Wagebalken und der Wage selbst: wippen, ausschlagen.
[4]) S. Delitzsch zu Jesaja S. 516 u. 524; zu Iob S. 308.

Der Augenblick: רגע.

ταράσσειν; Iob 26, 12. Das Niph. und Hiph. haben abgesehen von drei gleich zu erwähnenden Stellen eine davon unabhängige Bedeutung, und sind auf רָגַע (zurückkehren) zurückzuführen. Die intransitive Bedeutung von רגע (*commoveri, tremere*) findet sich vielleicht Iob 7, 5 (meine Haut schauert). Die Segolatform רֶגַע, in pausa רָגַע, bed. also eig. *vibramen*, wie Schultens richtig angibt. Wie er kann man auch das latein. „*momentum*" vergleichen; nur ist רֶגַע eine heftige Bewegung oder Erschütterung. Eher lässt sich daher das arab. هَبَّة danebenstellen (von هَبَّ *commotus fuit*, auch vom Schwert: zucken), welches ebenfalls einen kurzen Moment, gleichsam Einen Streich bezeichnet; nicht minder خَطْرَةٌ Augenblick, kürzeste Zeit[1]) (von خَطَرَ *vibravit*), gleichsam Eine Zuckung; auch دَفْعَةٌ eigentlich Ein Stoss[2]). Bei רֶגַע hat indessen wohl noch eine bestimmtere leibliche Bewegung das Mittelglied gebildet, wie man es denn gewöhnlich erklärt als *ictus* oder *nictus oculi*[3]). Damit stimmt ganz überein das syr. ܪܡܙܐ, gleichbedeutend mit רֶגַע, von ܛܪܦ=طَرَفَ schlagen, aber auch die Augen niederschlagen, mit den Augen winken (طَرْفَةٌ). Auch so ist übrigens רֶגַע nicht ganz gleich dem deutschen „Augenblick". In רֶגַע liegt von Haus aus etwas Gewaltsames; es bezeichnet das Auf- oder Niederschlagen der Augenlider, daher die äusserst kurze Zeit, die dazu nöthig ist.[4]) — Prov. 12, 19 haben wir den verbalen Ausdruck וְעַד־אַרְגִּיעָה (Gegensatz לָעַד). Dafür könnte es

---

[1]) S. Freytag, *Lex. Ar.*: ماكان مدّتهم الّا خطرة
[2]) Vgl. französ. *tout-à-coup* u. ähnl.
[3]) Vgl. äthiop. ቀስበት: (*kesbat*) eig. *nutus*, daher Augenblick u. das mit כְּרֶגַע gleichbedeutende nachbiblische כְּהֶרֶף עַיִן von רפה, also eig. das Sinkenlassen der Augenlider ausdrückend, ebenso das neutestamentliche ἐν ῥιπῇ ὀφθαλμοῦ 1 Cor. 15, 52 von ῥιπή, Wurf, Schwung.
[4]) Abulwalid will den Begriff der kürzesten Zeit dadurch gewinnen, dass er aus der Bed. sich zusammenziehen, welche auch Andere dem רגע (= رجع) beilegen, die Bed. *tenuis fuit* ableitet; daher sei רֶגַע يكون ما اقلّ من الزمان wie das arab. دَقِيقَة, s. darüber Gesen. *Thesaur.* p. 1264.

ganz so gut heissen וַיְגָרַע־עַיִן (vgl. Iob 20, 5). Die Art und Weise wie Jer. 49, 19. 50, 44 diese Verbalform uns entgegentritt, lässt vermuthen, dass es ähnlich wie Iob 7, 19 „bis ich meinen Speichel schlucke" eine dem Volksmund geläufige Redensart war. Die erste Person steht dabei ähnlich wie in مَن ساعَتى. Diese Hiphilform nun ist nicht ein abstraktes Denominativum: einen Augenblick zubringen, warten und dergl.; sondern sie hat noch die sinnliche Grundbedeutung, also: bis ich mich rege, schüttle, oder besser: in **so kurzer Zeit als ich zum Aufschlagen der Augen brauche.**[1])

Aus dem Gesagten ergibt sich einfach die Gebrauchsweise von רֶגַע. Es bezeichnet gleichsam einen einzelnen Pulsschlag der Zeit, d. h. ein Zeitatom, und wird daher erstens gesetzt für das Minimum einer Zeitdauer, welches den Namen Dauer eigentlich gar nicht verdient. So Ex. 33, 5 רֶגַע אֶחָד eine kürzeste Zeit (Zeiteinheit); Ps. 30, 6 רֶגַע ein verschwindend kurzer Augenblick im Gegensatz zur Dauer eines ganzen Lebens (s. Hupfeld zu d. St.); Iob 20, 5 כְרֶגַע, so lang ein רֶגַע währt, parallel mit מִקָּרוֹב, eine kurze Spanne Zeit; כְּמַעַט רֶגַע Jes. 26, 20 und öfter. Zweitens bez. רֶגַע das schlagartige, blitzschnelle Eintreffen eines Ereignisses, besonders einer Katastrophe: Thren. 4, 6 כְּמוֹ־רָגַע von der plötzlichen Zerstörung Sodoms; ähnlich כְּרֶגַע Num. 16, 21, aber auch accusativisch ohne Präposition, z. B. Jer. 4, 20 parallel פִּתְאֹם. Jes. 47, 9. Ps. 6, 10. Meistens wird mit dem Worte der jähe, gewaltsam schnelle Untergang der Gottlosen ausgemalt, Iob 21, 13 dagegen ein plötzlich überraschender, leichter Tod. לִרְגָעִים mit zeitlichem לְ und prägnantem Plural[2]): in Augenblicken, d. h. so, dass kein einziger Augenblick, kein Minimum der Zeit ausgesetzt wird.

---

[1]) So auch A. Schultens: *usque dum nictem = oculis vibrem*. Ewald: „bis ich die augen bewege." Zu der jeremianischen Doppelstelle vergleiche das *„veni, vidi, vici."*

[2]) Vgl. לִבְקָרִים (Ewald, Ausführl. Lehrbuch der hebr. Sprache § 217 d).

Ein Doppelgänger dieses רֶגַע ist nach seiner Herkunft, Form und Bedeutung das Nomen פֶּתַע vom Verbum פתה (so nur im Samaritan. gebräuchlich) = פתח öffnen, hier aber speziell die Augen öffnen, aufschlagen, woraus sich nach Analogie des eben besprochenen Wortes die temporale Bedeutung von selbst ergibt: es bezeichnet den kaum wahrnehmbaren Zeitpunkt (στιγμή LXX Jes. 29, 5), während dessen man die Augen aufschlägt. Auch dieses Wort deckt sich nicht ganz mit unserm „Augenblick", dem es indessen näher kommt. Als adverbialer Accus. und mit Präpositionen wird פֶּתַע und das davon abgeleitete Adverbium פִּתְאֹם für פִּתְאֹם[1]) ebenso wie רֶגַע zum Ausdruck der Plötzlichkeit gebraucht. An manchen Stellen sind diese Wörter ganz synonym mit רֶגַע; indessen zeigt sich doch eine in ihrer Abkunft begründete feine Differenz in der Vorstellung. רֶגַע ist mehr die reissende, gewaltthätige, stürmische Schnelligkeit, mit welcher sich etwas vollzieht; פֶּתַע deutet an, dass etwas leise überraschend, unbemerkt eintrifft, wie man die Augen aufschlägt, schon da ist. Diese Vorstellung einer unversehens eintretenden Ueberraschung zeigt sich u. a. Koh. 9, 12 bei der Vergleichung mit den Fischen und Vögeln, welche nichts merken, bis sie „mit Einem Male" sich gefangen finden; ebenso Prov. 7, 22 bei dem den Lockungen zuhörenden Jüngling, welcher der Buhlerin nachläuft, ehe er sich's versieht, d. h. indem er sich plötzlich [2]) nicht mehr in seiner Gewalt hat. Vgl. auch Jes. 47, 11, wo ein nicht vorhergesehenes Unglück gedroht, und Num. 6, 9, wo von einem unvorhergesehenen Todesfall die Rede ist. Am deutlichsten tritt dieser Zug des Nichtvoraussehens Num. 35, 22 hervor, wo פִּתְאֹם geradezu s. v. a. unvorsätzlich, unabsichtlich. פֶּתַע und פִּתְאֹם werden auch zur Verstärkung neben einander gestellt: „urplötzlich."

Im Gegensatz zu diesen Benennungen, welche mit Zuhülfenahme einer schnell vorübergehenden Bewegung die Zeit als kurze

---

[1]) Böttcher § 279. Ewald § 204 b.
[2]) κεπφωθείς LXX dem Sinn nach richtig.

kennzeichnen, stehen die Namen der eigentlichen Zeitdauer, welche einer sichtbar anhaltenden, konstanten Bewegung ihren Ursprung verdanken. Von der letztern Art waren schon die Ausdrücke, welche das weite Ausgreifen oder Vordringen aussagen. Namentlich aber wird die länger andauernde, verweilende Zeit durch eine besondere Richtung, nämlich das Umbiegen oder kreisförmige Wiederkehren dargestellt.

Das erste hebr. Nomen, welches hier anzuführen, ist das nach und nach ganz zum Adverbium gewordene עוֹד. Da עוֹד, عَادَ = umbiegen, zurückkehren[1]), zeigt עוֹד eigentlich die Rückkehr von etwas, seine Wiederholung an; daher steht es für *iterum* wie syr. ܬܘܼܒ chald. תּוּב (תּוּ). Dieser Begriff der Wiederholung aber geht in den der Fortdauer über[2]). Wie wir von einer Thätigkeit oder einem Zustande sagen, dass sie „anhalten"[3]) statt mit der Zeitbewegung „vorüberzugehen", so liegt dem semitischen Sprachgebrauch die Anschauung zu Grunde, dass ein inhaltlich bestimmter[4]) Zeitmoment zurückkehrt, statt zu entschwinden. Wie im Hebr. und Chald. findet dieser Stamm im Aethiop. temporale Anwendung. Und im Arab. zeigt sich darin wenigstens deutlich der Uebergang von der Iteration zur Continuität, von der Wieder-

---

[1]) Daher auch عَاوَدَ (IV) הֵעִיד eig. wiederholen; daher wiederholt, nachdrücklich, feierlich sagen, bezeugen. Vgl. Gesen. *Thesaur.*, Böttcher § 912, 40.

[2]) Dieser Uebergang ist jedenfalls natürlicher als die Spaltung des Wortes, welche Dietrich (in Gesen. Lexikon) vorschlägt, wonach es in der Bed. *iterum* auf עוּד wenden, in der Bed. Dauer aber von einem angeblichen עוּד festsein abzuleiten wäre.

[3]) Man vergleiche das mit עוֹד sich berührende englische *still* (althd. *stullan*, anhalten, zögern, verweilen) = noch, aber oft mit adversativer Tendenz, indem die Vorstellung des Anhaltens, Einhaltens in die des Beschränktseins übergeht. Etwas Aehnliches findet bei עוּד statt.

[4]) Auch hier wieder bemerke man die schlechthinige Bedingtheit der Zeitvorstellung durch ihren Inhalt. Das Geschehniss oder der Zustand kehrt wieder, verharrt und erzeugt so die Vorstellung der Dauer.

Der Sprachgebrauch von עוד.

holung zum habituellen Zustand. عَاد bedeutet nämlich zurückkehren zu etwas, es wiederholen, zur ständigen Gewohnheit (عَادَة) machen. Auch das damit verwandte عَهِدَ ist eigentlich s. v. a. zurückkehren, dann eine Sache sorgfältig üben, pflegen (so besonders Form V), عَهْدَ eigentlich Gegenstand des Zurückkehrens, d. h. der beständigen, sorgfältigen Beobachtung, daher = Bündniss, Vertrag. — So bed. die Partikel עוֹד eigentlich: „Fortdauer¹) von .... (Ewald, §. 209 c.), daher = noch, auf die Gegenwart bezogen: *adhuc*, noch jetzt, noch immer, negativ לֹא עוֹד eig. nicht wieder, daher: nicht mehr; es kann aber auch eine Zeitdauer bezeichnen, deren Hinausgehen über die Gegenwart man voraussieht, so z. B. בְּעוֹדִי Ps. 104, 33: bei meinem Fortdauern = so lang ich noch lebe. Iob. 27, 3 כָּל־עוֹד נִשְׁמָתִי בִי die ganze Dauer, da noch Athem in mir ist = so lang noch ... Steht hingegen עוֹד in Beziehung auf etwas, was noch gar nicht vorhanden, noch nicht eingetreten ist, so bezeichnet es das Andauern des Ausbleibens. So lange etwas verzieht, hält es gleichsam zurück, statt mit der Zeitbewegung einzutreten. So 1 Sam. 18, 8 וְעוֹד לוֹ אַךְ הַמְּלוּכָה „Im Rückstand ist für ihn nur noch das Königthum," d. h. es fehlt ihm nur noch dieses, wo die auffallende Ellipse²) verschwindet, wenn man עוֹד zu seiner vollen Bedeutung kommen lässt; ebenso Hab. 2, 3. Dan. 11, 35: „Verzögerung (findet statt) bis auf die bestimmte Zeit." — Endlich gibt es Stellen, wo עוֹד nicht eine Zeitdauer sondern das Dauern oder Verharren von etwas ausdrückt, so

---

¹) Dass übrigens das Wort identisch sei mit dem altarab. عَوْض (Ewald § 307 c. Anm. 2), ist nicht annehmbar. Letzteres, abgesehen vom mytholog. Gebrauch, nur mit Negation und zwar meist von der Zukunft vorkommende Wort scheint eigentlich die Zeit zu bedeuten. Der Kâmûs, welcher es so erklärt, gibt zugleich die Grundbedeutung von عاض: hinten stehen, zur Ablösung nachrücken (wie خَلَفَ). Diese Ableitung ist beachtenswerth, da sie sowohl mit sonstigen arab. Auffassungen der Zeit als mit dem Sinn des häufigen تَعْرِيض umtauschen (eig. also ersetzen) harmonirt.

²) Vgl. Ewald § 299 a.

Gen. 46, 29: וַיֵּבְךְּ עַל־צַוָּארָיו עוֹד, er weinte anhaltend = hörte lange nicht auf zu weinen, vgl. Ruth 1, 14; und wahrscheinlich ebenso („fortwährend", „ununterbrochen") Ps. 84, 5, wo die alten Uebersetzer und Rabbinen es sogar einem לְעוֹלָם gleich setzen.

An Bestimmtheit gewinnt der Begriff der Zeitdauer dadurch, dass die Benennung desselben, statt von bloss rückgängiger oder reflektirender Bewegung von der Kreiswendung hergenommen wird, welche, regelmässig sich vollziehend, zu einem geschlossenen Ganzen sich abrundet. Gerade diese Art von Zeitnamen ist in den verschiedensten Sprachen stark vertreten, indem theils ein einzelner Zeitraum, theils die Zeit an sich als Cyclus angesehen wird. Der Grund dieser Anschauung ist, wie aus der Untersuchung der betreffenden Wörter erhellt, darin zu suchen, dass diejenigen Erscheinungen, an deren stetiger Veränderung oder Bewegung der Lauf der Zeit wahrgenommen und gemessen wurde, selber einen Kreislauf darstellen. Von ihnen ist die Vorstellung der Kreisbewegung auf die entsprechende Zeit übertragen worden. Die Gestirne nämlich, welche um ihrer allen Menschen in die Augen fallenden und dabei höchst regelmässigen Bewegung willen von jeher zur Orientirung in der Zeit benutzt wurden, bewegen sich in kreisförmigen Bahnen, wie der Augenschein lehrt. Schon in dem Zeitraum von 24 Stunden, welcher sich als einheitliches Zeitmass den Menschen aufdrängt, vollzieht sich offenbar ein solcher Umschwung der Gestirne. Deshalb heisst der Lauf, welchen die Sonne täglich am Himmel beschreibt[1]), مَكَّة im Arab., תְּקוּפָה im Hebr. (Ps. 19, 7) von קוּף, verw. mit נָקַף, Wurzel קף umkreisen.

In grösserem Maassstab aber als der Tag bildet das Jahr einen Cyclus, indem durch die sich gleichbleibende Aufeinander-

---
[1]) Vgl. die Essays von M. Müller II S. 147 der deutschen Uebers., wonach bei den alten Indern die Tage als Herde der Sonne dargestellt zu werden pflegen, so zwar, dass das Kommen und Gehen eines jeden Tages mit dem Einherschreiten einer Kuh verglichen wird, welche des Morgens ihren Stall verlässt, die himmlischen Weiden auf dem angewiesenen Pfade durchschreitet, und Abends zu ihrem Stalle zurückkehrt.

Die Zeit in Kreisbewegung: das Jahr, die Generation. 33

folge von Erscheinungen (Jahreszeiten), aus welchen es zusammengesetzt ist, unwillkürlich die Vorstellung einer Runde, eines Kreislaufes wachgerufen wird.¹) So heisst denn der Ablauf des Jahres תְּקוּפַת הַשָּׁנָה Ex. 34, 22. 2 Chr. 24, 28, wie von bestimmten, jährlich wiederkehrenden Tagen gesagt wird, dass sie „kreisen" Jes. 29, 1.²) Auch der Name des Jahres selbst drückt oft diese Kreisbewegung aus. Zweifelhaft ist dies beim griech. ἐνιαυτός, da dessen Herkunft überhaupt noch nicht sicher (Curtius a. a. O. S. 196). Aber auch κύκλος steht bisweilen geradezu für Jahr, und bei *annus* wird die Grundbedeutung Ring oder Kranz durch das Diminut. *annulus* oder *anulus* wahrscheinlich gemacht³). Einen deutlichen Fall dieser Art bietet das arab. حَوْلٌ von حال sich wenden (= חוּל sich winden), ein altes Wort für Jahr; so im Koran حَوْلَيْنِ كَامِلَيْنِ, zwei volle Jahre lang. حَوْلٌ bezeichnet also den vollständigen Kreis, welcher durch die Wendungen oder Wandlungen und daraus resultirenden Zustände (احوال vgl. אוֹדוֹת), die sich in dieser Zeit eines Jahres an einander reihen, gebildet wird.

Einen weitern Kreislauf stellt das Menschenleben dar. Ein solcher beginnt mit jeder Generation, welche von der Jugend bis zum Greisenalter gleichsam die Jahreszeiten des menschlichen

---

¹) Es ist kaum nöthig an das latein. *vertente anno* zu erinnern und an das homerische περιπλομένου ἐνιαυτοῦ z. B. Od. 11, 248: im umkreisenden Jahr = innerhalb eines Jahres; περιπλομένων ἐνιαυτῶν, während die Jahre umlaufen. Auch die Jahre an sich heissen Il. 23, 833 περιπλόμενοι als die in steter Kreisbewegung laufenden (rollenden). Ebenso wird περιτέλλεσθαι sich im Kreislauf vollenden, ablaufen, mit ἔτος verbunden. Im Aethiop. heisst dieser Kreislauf (des Jahres) ዓመት። (שור).

²) Nach Böttcher (Proben A. T. licher Schrifterkl. S. 83 ff.) würde auch כְּעֵת חַיָּה hier zu nennen sein, von חיה, חוה, sich krümmen, also: „wie die Zeit umkreist ist" = .über's Jahr. Doch ist diese Redensart wahrscheinlich aus חיה in der Bed. *reviviscere* zu erklären.

³) Fick a. a. O. S. 418 nimmt an, *annus* stehe für *acnus*, und sei wie *ânus*, *annulus* Ring zu sanscr. *akna* gebogen, Part. Perf. Pass. von indog. *ak* sanscr. *ac*, *añc* biegen, zu stellen.

Lebens durchmacht. Eine solche Zeitdauer[1]), in welcher dieser Umlauf sich vollendet, heisst daher ebenfalls Kreis, wie das hebr Wort הוּר zeigt. Dieses kommt von דור[2]) sich im Kreise bewegen. ist demnach eins mit دَوْرٌ (u. unit. دَوْرَةٌ) Kreislauf. Also ist הוֹר, chald. דָּר nicht *„quasi terminus temporis, quo homines simul in hac vita et mundo habitant, a* הוּר *hábitare"* (Buxtorf)[3]), auch nicht „Menschen- und Zeitschicht von הוּר schichten (Böttcher), sondern es bezeichnet den **kreisförmig sich abschliessenden Zeitverlauf, in welchem ein Menschengeschlecht seine Entwicklung vollendet**[4]). Aus diesem Grundbegriff ergibt sich mit Leichtigkeit der zwiefache Gebrauch, den das Wort im Hebr. Chald. und Syr. hat, wonach es einerseits mehr temporal das Zeitalter bezeichnet, anderseits das einem solchen angehörige Menschengeschlecht. Diese beiden verschwisterten Bedeutungen sind in vielen Fällen gar nicht zu trennen. Die temporale Bedeutung tritt z. B. hervor, wo eine unabsehbare Reihe von Generationen oder

---

[1]) Griech. αἰών, genauer γενεά; lat. *saeculum.* Zwischen den beiden letztern unterscheidet Censorinus (*De die natali c.* 17 s.): *Saeculum [quod quidam lustrum aut annum magnum vocant c.* 16] *est spatium vitae humanae longissimum partu et morte definitum, quare qui annos triginta saeculum putarunt, multum videntur errasse; hoc enim tempus genean vocari Heraclitus auctor est, quia orbis aetatis in eo sit spatio; orbem autem vocat aetatis, dum natura ab sementi humana ad sementim revertitur etc.*

[2]) Siehe über diese zahlreiche Wortsippe Ethé, Schlafgemach der Phantasie II, S. 86 ff.

[3]) Aehnlich schon Kimchi im *Sepher Haschoraschim:* כל ימי אשר האדם דר בעולם הוא דור

[4]) Sein Ende findet dieser Zeitraum dadurch, dass eine neue Generation in den selben Kreislauf eintritt, daher der numerische Betrag des דר bei chronologischen Angaben nicht etwa 70 oder 80 Jahre (die längste Lebensdauer nach Ps. 90, 10), sondern 40 Jahre ist. Damit hängt es zusammen, dass die Hebräer ihre Geschichte in Perioden von je 40 Jahren einzutheilen lieben. Vgl. Bertheau, Buch der Richter S. XVI ff. Fürst, Geschichte d. bibl. Literatur I, 351 f; II, 3 ff. — S. aber auch Ewald, Geschichte des Volkes Israel II, S. 521 ff. (3. Ausg.).

Die Zeit in Kreisbewegung: דּוֹר, גִיל. 35

Perioden menschlichen Lebens *(aetates)* zum Ausdruck der unendlichen Zeit gemacht wird. So z. B. Ps. 89, 2. 5 לְדֹר וָדֹר parall. עוֹלָם; ebenso לְדוֹר דּוֹרִים Jes. 51, 8 u. ä. wie syr. ܠܕܳܪ݈ܕܳܪ̈ܝܼܢ (s. darüber weiter unten). Die concrete Bedeutung: Gesammtheit der zu einer Zeit lebenden Menschen, Zeitgenossenschaft, welche von einem solchen Ring an der Kette der Zeit umspannt wird, findet sich z. B. Ex. 1, 6 וַיָּמָת יוֹסֵף וְכָל אֶחָיו וְכֹל הַדּוֹר הַהוּא, das ganze damalige Geschlecht starb aus. Diese persönliche Bedeutung macht sich besonders bemerklich, wo eine Generation nicht bloss nach ihrer äussern Zusammengehörigkeit, sondern noch mehr nach ihrer ethischen Gleichartigkeit in Betracht kommt (vgl. γενεά). So z. B. Deut. 32, 5. 20. Ps. 12, 8, wo über eine moralisch verkehrte Generation geklagt wird. Es kann sogar das temporale Moment darüber ganz fallen gelassen werden, wie z. B. Prov. 30, 11—14 „Es gibt ein Geschlecht" = eine Menschenklasse, eine Art oder Gattung von Menschen [1]).

Beinahe deckt sich mit דּוֹר das Wort גִּיל vom Verbum גּוּל, גִּיל (vgl. חוּל) sich im Kreise drehen, meist in freudigem Affekt: *exultavit*. Das Subst. גִּיל kommt biblisch nur Dan. 1, 10 vor, in einer Bedeutung, welche freilich bei דּוֹר nicht nachweisbar, nämlich Altersgenossenschaft, Altersklasse: הַיְלָדִים אֲשֶׁר כְּגִילְכֶם euere Altersgenossen [2]), wie talmud. בֶּן־גִּילִי mein Altersgenosse [3]). Dass diese Bedeutung jedoch nur eine Spezialisirung der Bed. „Zeitgenossenschaft" ist, zeigt das samaritan. גִיל *(aetas)*, welches für דּוֹר gebraucht wird. Das arab. جِيل (vgl. جَول *circumivit*) bed. nach dem Ḳâmûs gewöhnlich *agmen hominum* (Kreis, Gruppe von Menschen); es weist aber auch die Bedeutung Zeitgenossenschaft auf, wonach جِيلك = عصرك Plur. أَجْيَال *generationes*. [4])

---

[1]) S. zu דּוֹר auch Delitzsch' Comm. zu Jesaja S. 545.
[2]) Ungenau Kimchi כבני גילכם.
[3]) Z. B. *Baba mezia* 27ᵇ, wo Raschi es erklärt: der unter gleicher Constellation (בְּמַזָּל אֶחָד) Geborene.
[4]) S. darüber Gesenius' *Thesaur*. unter גִּיל, wo auch bemerkt wird,

3*

Gleichwie nun das Menschenleben in Hinsicht auf das Alter einen beständigen Kreislauf zeigt, indem eine Generation die Bahn betritt, während eine andere sie durchlaufen hat, so stellen auch andere in der Zeit sich vollziehende Entwicklungen einen kreisartigen Wechsel dar. Die Zustände und Begebenheiten wiederholen sich in der Welt mit mehr oder weniger Regelmässigkeit. Namentlich das Glück „dreht sich im Kreise, es kommt und geht vorbei." So haben wir von jener selben Wurzel דור, دور s. wenden, drehen, das Nomen دَائِرَة Pl. دَائِرٌ دَوَائِرُ rund) in der Bed. Umlauf oder, wie wir sagen, Umschwung des Glücks, Glückswechsel, bes. *in malam partem*, so im Koran 5, 57. 9, 99 u. a. Zu letzterer Stelle vgl. Beidâwî: والدَائِرَة فى الاصل مصدر او اسم فاعل من دار يدور وسُمِّيَ بِه عُقْبَةُ الزَّمان Es liegt auf der Hand, wie leicht sich der Zeitbegriff hier in die Vorstellung mengt. Eine kreisartige Wandlung des menschlichen Schicksals, wobei dem Menschen Glück und Unglück kommen wie Sommer und Winter, lässt sich ja nur denken in der Zeit und durch die Zeit. So gestaltet sich der Lauf der Zeit (wiederum durch seinen Inhalt) zum Kreislauf. Häufiger drückt die Vorstelluug des Glücksumschwungs das Wort دَوْلَة aus (von دول Grundbed. wie دور), dieses jedoch *in bonam partem:* es ist der Aufschwung, durch welchen Jemand in die Höhe kommt. Siehe Zerstreute Perlen Nr. 75: دَولَة الارذال آفة الرجال „Wo die Lumpen aufkommen, verkümmern die Ehrenmänner". Daher heisst دَوْلَة geradezu Glück, oft parall. نعمة. Die dabei mitspielende Vorstellung, dass durch die Umdrehungen des Glücksrades bald Dieser bald Jener obenauf komme, gibt A. Schultens richtig an (*Orig. Hebr.* p. 433), welcher den Vers citirt:

الدهر دولاب يدور فيه السرور مع الشرور
بينا الفتى فوق السما واذا به تحت الصخور

---

dass wo דור s. v. a. γενεά, Generation, die arab. Uebersetzer es durch جَبْل statt جِيل wiedergeben.

Die Periode. 37

aber er verkennt den bei دَوْلَة, wie auch das koran. دَوْلَة (59, 7) zeigt, jedenfalls zu Grunde liegenden Begriff der Rundbewegung, indem er die ganze Wortsippe von دلو, דְּלִי Wassereimer (welcher wechselweise steigt und fällt) ableiten will. Ganz besonders bezeichnet دَوْلَة das historisch-politische Glück, d. h. den Umschwung oder Aufschwung, durch welchen ein Herrscher auf den Thron gehoben wird. Auch die königliche Macht und Regirung sowie des Königs Person und die ganze Dynastie führen den Namen دَوْلَة, sofern sie eben gewissermaassen die Höhe einer Zeit, ihren Aufschwung repräsentiren oder eine Glücksperiode darstellen. Wie man sieht, liegt auch hier das temporale Moment nahe.

Wie nun דּוֹר, גִּיל eine Altersperiode, دَوْلَة, دَائِرَة eine Glücksperiode, so bezeichnet تَارَة (von تَوْر, חוֹר[1]) wie دَوْر) überhaupt einen περίοδος,[2]) d. h. eigentlich einen Zeitraum, in welchem etwas seinen Umlauf, seinen Gang vollendet. Die mit περίοδος identischen Namen der Zeit drücken daher insbesondere einen Zeitverlauf aus, welcher einem regelmässigen Prozess entspricht, da die Kreisbewegung[3]) eine vollkommen regelmässige ist[4]); ferner namentlich einen Zeitabschnitt, dessen Anfang und Ende genau markirt sind, so dass die einzelnen Abschnitte oder eigentlich Umdrehungen gezählt werden können,[5]) wie denn die kreisförmige Bewegung als die geeignetste zum Messen, d. h. Zählen der Zeit anerkannt

---

[1]) Auch das hieher gehörige חוּר Runde, Reihe, kommt leicht dazu, eine gewisse Zeit anzugeben, wie aus Est. 2, 12. 15 ersichtlich, wo LXX καιρός, χρόνος dafür setzen.

[2]) Ebenso das althd. *hvila*, engl. *while*, die Weile, wenn anders dieses verwandt ist mit *wheel* Rad u. s. w., wie Manche annehmen.

[3]) Auch das arab. دار wird besonders vom geregelten Gang der Uhren, Maschinen u. s. w. gesagt.

[4]) Vgl. im Buch Jezira VI, 2 גלגל בשנה כמלך במדינה, der Zodiakus eig. die Umwälzung (der Gestirne) im Jahre gleicht einem Könige in seinem Reiche. S. Franck, die Kabbala, übers. v. Jellinek, S. 114 f.

[5]) Vgl. تَارَة in der Bedeutung: Mal.

ist¹). Daher stammt auch der Gebrauch von תקופה 1 Sam. 1, 20: nach den „Kreisungen" der Tage, d. h. als die bestimmte Zahl von Tagen abgelaufen war, oder, wie wir ebenfalls von einer Zeit, die man berechnen kann, sagen: als die Tage um waren. Noch ein ἅπαξ λεγόμενον ist hier unter den Wörtern, welche eine Wendung der Zeit ausdrücken, zu erwähnen. Prov. 25, 11 heisst es: תפוחי זהב במשכיות כסף דבר דָּבֻר עַל־אָפְנָיו Goldene Aepfel in silbernen Schaustücken ist ein Wort geredet עַל אָפְנָיו. Es liegt nahe, an die parall. Stelle 15, 23 zu denken und gemäss dem dortigen בעתו auch dieses עַל אָפְנָיו zu übersetzen: „zu seiner Zeit" (Vulg. Symm.). Auch das Bild, womit die weise Rede verglichen wird, macht wahrscheinlich, dass auf die Umgebung, in welcher sie sich gut ausnimmt, somit auch auf den Augenblick, in welchen sie fällt, Rücksicht genommen ist. Demzufolge nehmen Gesenius u. A. ein Wort אֹפֶן „Zeit" an, von welchem wir sonst allerdings nichts wissen, welches aber seinem Ursprung nach analog wäre den besprochenen דּוֹר, تَابٌ u. s. w., nämlich von אָפֶן vertere, woher auch אֹפֶן Rad; rabbin. allgemein: Wendung, Art und Weise, τρόπος; Wurzel פָּן woher פָּנֹה, פָּנִים u. s. w. Von einem solchen אֹפֶן wäre aber in jedem Falle wohl zu unterscheiden das arab. إِقَان, welches Abulwalîd damit identificirt (s. oben S. 21.). An das Wort אֹפֶן in der Bed. „Rad" hält sich Kimchi an der fraglichen Stelle, indem er umschreibt עַל גלגליו, ebenso Gr. Ven. ἐπὶ τῶν τροχῶν αὐτῆς. Dieses weitere Bild würde indessen die Raschheit der Rede („ein schnell treffendes Wort" Ewald), nicht ihr Wohlangebrachtsein veranschaulichen. Böttcher (Versuche S. 63 u. Jenaer Lit. Zeitung 1847 S. 1142), welcher ebenfalls übersetzt „auf seinem Räderpaar", will allerdings beides darin finden „eine geläufige Rede am rechten Ort". Allein dafür wäre der Ausdruck kaum ausreichend²). Das

---

¹) Vgl. Aristoteles, *Phys.* IV c. 14. Leibnitz, *Opera philosophica* Ausg. v. Erdmann p. 242a.

²) Böttcher beruft sich auf das homerische ἐπιτροχάδην neben ἀγορεύειν. Allein Od. 18, 26 bed. dieses nur: „geläufig", „mit grosser Zungen-

Sicherste ist, von der Bed. „sich wenden" auszugehen, welche dem Wortstamm jedenfalls zukommt, wie denn Abulwalîd es an einer andern Stelle mit עַל פָּנָיו umschreibt (Ibn Ezra עַל פָּנִים הָרָאוּיִים), was freilich noch mehrdeutig. Nicht so ist es zu verstehen, dass dem gepriesenen Ausspruch selber verschiedene Wandlungen zugeschrieben werden sollen[1]); vielmehr sind es Zeit und Umstände, die sich· ändern. Dem Richtigen näher kommt die etymologisch freilich nichts erklärende Uebersetzung Theodotions und Aquila's ἐπὶ ἁρμόζουσιν αὐτῷ. אָפְנִים[2]) heissen die أحوال, die Umstände und Zustände, wie sie sich in jeder Zeitwendung gestalten, und die dem דבר durch das Suffix zugeschriebenen sind die, in welche es hineingehört oder hineinpasst. Gelobt wird also ein Wort, welches gesprochen wird, wann immer die Zeitumstände eingetreten sind, zu welchen es passt, ein Wort also, welches ebensowohl zu seiner Zeit als an seinem Orte geredet, und dessen Reiz dadurch erhöht wird.

Aus der Kreisbewegung geht noch ein allgemeinerer Begriff hervor als der der Periode. Wenn man in gewissen Zeitabschnitten einen Kreislauf wahrzunehmen glaubte, so konnte man leicht daraus abstrahiren, dass die Zeit überhaupt in dieser Bewegung fortschreite. Man konnte zunächst immer grössere Kreise in Aussicht nehmen[3]) und endlich die Zeit überhaupt als einen grössten oder unendlichen Kreis[4]) auffassen. Dies tritt uns im

---

fertigkeit" reden, und enthält das Gegentheil von Lob. Und II. 3, 213 steht es, wenn auch in gleicher Verbindung, doch in andrer Bedeutung, nämlich: „über die Sachen hineilend und nur die Hauptpunkte berührend, *summatim, succincte* oder *transcursim*" (Fäsy).

[1]) So Fürst (Hdwtb.): „nach seiner Vieldeutigkeit"; aber wenn auch das talmud. אוֹפָן oder אֹפֶן = Deutungsweise sein kann, so passt dies doch an unserer Stelle durchaus nicht.

[2]) Vgl. über die Verkürzung אָפְנָיו für אָפָנָיו Gesenius, Lehrgebäude der hebr. Sprache S. 575 f.

[3]) Man denke an das platonische Weltjahr, die Weltperioden der Inder, die lange Periode der Parsen u. dergl.

[4]) Den Indern ist in der That die Vorstellung eines Zeitrades (*kâlaćakra*) sehr geläufig.

arab. دَهْرَ entgegen, welches, ebenfalls ein Sprössling von der Wurzel دور, zunächst einen Zirkel bedeutet, daher vorzugsweise eine lange Periode, auch bestimmt: Weltperiode, dann aber im Arab. das allgemeinste Wort für Zeit geworden ist, indem es die gleichmässig verstreichende Zeit bezeichnet, in welche alle Perioden hineinfallen, und welche dauert, so lange die Welt steht, daher الدَهْرَ *in perpetuum.*

Zur selben Bedeutung *perpetuitas* ist von eben dieser Kreisbewegung aus, wenn auch auf anderem Wege, das chald. תְּדִירָא gekommen, welches hinter Substantiven ein Adjekt. *perpetuus* vertritt[1]). Aus der Kreisbewegung gestaltet sich nämlich ähnlich wie aus der reflektirenden (bei עוֹד) der Begriff des fortgesetzten Dauerns; nur dass beim Kreise noch mehr die Stetigkeit und Regelmässigkeit hervortritt, z. B. עֹלַת תְּדִירָא das tägliche Opfer, welches jeden Tag ohne Unterbrechung dargebracht wird; so auch als Adv. תְּדִירָא und בִּתְדִירָא, immerfort, ununterbrochen.

Neben den zeitlichen Benennungen, welche der Kreisbewegung entnommen sind, gehen andere her, welche eine correlate Vorstellung erzeugt hat. Da der Kreis nicht gedacht werden kann, ohne dass er etwas einschliesst, so wird demzufolge die Zeit als Einschliessung, als Zusammenschluss gefasst. So heisst im Arab. das Jahr ungleich häufiger als حَوْل : عَام, äthiop. ዓም: ዓመት: *('ām, 'āmat)* von der W. عم umfassen[2]), indem das Jahr als der Inbegriff dessen vorgestellt wird, was die Jahresrunde einschliesst. Desgleichen haben wir ein Seitenstück zu דוֹר in dem arab. عَصْر, ebenfalls=Zeitgenossenschaft, aber von der Bedeutung *comprimere* ausgehend, also noch mehr die Zusammengehörigkeit urgirend, die sich jedoch auch in jenem entwickelt. Auch عَصْر

---

[1]) Dasselbe gilt von תְּמִידָא, תָּמִיד.

[2]) Vgl. عام schwimmen, von der ausholenden, das Wasser umfassenden Bewegung; عَمّ umfassend, allgemein sein, *opp.* خَصّ ausschliessend, speziell, eigenthümlich sein.

hat die Eigenschaft, dass es einerseits concret die zusammengeschlossene Menschenklasse, Generation, anderseits die diesen Zusammenschluss bildende Zeit bedeutet. — Ist endlich die Zeit überhaupt eine Kreisbewegung, wie دهر uns lehrte, so schliesst sie die ganze Weltentwicklung ein: sie bildet die Einfassung alles dessen, was in der Welt ist und geschieht. So ist sie gedacht im arab. قَفَان, nach Kâmûs = *tempus* von قَفّ, dem verstärkten كَفّ zusammenfassen, woher كَفّ, כַּף Hand als die zusammenschliessende, zusammenfassende[1]); vgl. كَافَّة insgesammt, eigentlich: so, dass alle inbegriffen sind. Auch das hebr. נֶקֶב geht daraus hervor. In gewöhnlicheren Wörtern aber tritt diese Auffassung der Zeit als einer dem Raume ähnlichen, alles Dasein umschliessenden, umspannenden Form in den arischen Sprachen zu Tage, z. B. in dem zendischen *zr-van, zrvâna,* da der Stamm *zr,* woher *zar* ergreifen, eins ist mit dem griech. χερ, woher χείρ die Hand. Aber auch χρόνος kommt wahrscheinlich von dieser Wurzel, deren Bedeutung eben die des Umfassens, Umschliessens[2]) ist. Demgemäss sind gerade diese Ww. *zrvâna* und χρόνος wie دهر möglichst allgemeiner Bedeutung.

Damit schliessen wir die Reihe der Wörter ab, welche die Zeit mittelst einer Bewegungsart nennbar machen. Wir haben darunter חֶלֶד nicht aufgeführt, obwohl es oft dazu gerechnet wird. Wenn freilich Böttcher Recht hätte, welcher[3]) dem Worte mit vielem Scharfsinn eine grobmaterielle, nicht temporale Bedeutung zuzuweisen gesucht hat: Erdhaufe, Dreck, Staub, so läge dasselbe überhaupt ausser unserm Bereich. Indessen sprechen die wenigen,

---

[1]) Die gewöhnliche Erklärung von כַּף: *incurvatum, cavum* (Gesenius *Thesaur.*) von Wurzel כף umbeugen (vgl. Ps. 57, 7 u. כָּפוּף 145, 14. 146, 8) ist von der obigen nicht wesentlich verschieden, da eben die Vorstellung des Concaven oder Convexen (vgl. Ethé a. a. O. II, 113 f.) mit der des Einschliessens unzertrennbar verbunden ist.
[2]) Curtius, a. a. O. S. 188 f.
[3]) *De inferis* § 272 ss. Vgl. auch Neue Aehrenlese § 1098.

insgesammt poetischen Stellen, wo es sich findet, entschieden zu Gunsten einer zeitbegrifflichen Auffassung, vor allen Ps. 39, 6, wo חֶלְדִּי in genauem Parallelismus steht zu יָמַי im Sinn von عُمْرِى meine Lebensdauer. Belässt man aber das Wort in seiner zeitlichen Eigenschaft, so sind immerhin verschiedene Erklärungen und Ableitungen desselben möglich, welche sich wesentlich in zwei Klassen scheiden, deren eine ausgeht vom Begriff einer Bewegung der Zeit, die andere vom Verharren im Gegensatz zur Zeitbewegung, erstere meist an das syr. ܚܠܡ, letztere an das arab. خَلَدَ sich anlehnend.

Die Bewegung nämlich, welche ܚܠܡ ausdrückt, ist die des Kriechens, Schleichens, Schlüpfens oder Hineinschlüpfens. Daher haben in חֹלֶד Lev. 11, 29 Manche[1]) mit zweifelhaftem Rechte[2]) das Wiesel (= talmud. חולדה) als das schnell dahin schlüpfende zu finden geglaubt. Für חֶלֶד aber hat man die gewiss ansprechende Deutung der entschlüpfenden, d. h. unmerklich verstreichenden, unbeachtet dahin gleitenden Zeit daran geknüpft. *Tempora labuntur tacitisque senescimus annis.* So Schindler, Gesenius u. A. Das Moment der Flüchtigkeit, Vergänglichkeit, Endlichkeit der Zeit, welches darin läge, würde auch zu mehreren Stellen, wo es vorkommt, nicht übel passen und scheint Ps. 89, 48 sogar gefordert. Auch der Umstand ist merkwürdig, dass das Wort zweimal (vgl. Ps. 89, 48 mit 39, 5; 49, 2 mit Jes. 38, 11) wechselt oder verwechselt ist (Böttch. Hupf.) mit dem geradezu die Endschaft, das Zuendesein ausdrückenden חדל.

Auffallend bleibt aber immerhin, dass auch dem arab. خَلَدَ eine temporale Bedeutung eigen ist: **verbleiben, verharren, dauern**, und zwar in möglichst energischer Weise. So steht خلد ganz gewöhnlich im Koran für das ewige Verbleiben im paradiesi-

---

[1]) Gesenius, Winer (Bibl. Realwtb. II S. 689 f.) nach LXX, Vulg. Syr. und den Rabbinen.

[2]) S. dagegen namentlich Bochart im *Hierozoïcon* (L. III, c. 35); auch Rosenmüller, Alterth. IV. II. 225 f.

Physische Grundbedeutung von חלד. 43

schen Zustand oder in der Höllenstrafe; daher خُلْد geradezu
Paradies, خُلُود Ewigkeit. Es geht nicht an, diese Bedeutung
nach Analogie von עולם vom Begriff des Verhüllens, Verbergens
herzuleiten, wie Fürst es mit חֶלֶד „Ewigkeit" versucht; auch nicht
in der eben erörterten Vorstellung der unbemerkt verstreichenden,
sachte fortrückenden Zeit liegt der Ursprung, so dass diese ins
Unendliche so fortlaufend gedacht wäre, wie Hupfeld zu Ps. 17, 14
erklärt. Vielmehr bedeutet خَلَد eig. sich eingraben daher
sich festsetzen,[1]) sich einnisten. In tropischer Weise steht أَخْلَدَ
Sure 7, 175, indem von Bileam gesagt ist أَخْلَدَ الى الأرض: „er
vertiefte sich auf die Erde", statt sich in den Himmel erheben zu
lassen. Die sinnliche Bedeutung „sich einwühlen" aber zeigt deutlich das Substantiv خُلْد, Maulwurf. Aus dieser Vorstellung
des sich Einbohrens, sich Einwurzelns, sich Festsetzens erwächst
leicht der Begriff des Verharrens[2]), der Beständigkeit, Dauer,
beziehungsweise des Ewigseins. — Jene sinnlichen Bedeutungen
sind übrigens auch den andern Dialekten nicht fremd: das Lev.
11, 29 חֹלֶד benamte Thier ist wohl ebenso sicher der Maulwurf,
wie derselbe syr. ܚܽܘܠܕܳܐ heisst von ܚܠܰܕ graben, sich eingraben.
Ferner hat das talmud. חלד die nahe verwandte Bedeutung: ein-
dringen; z. B. wird es vom Opfermesser gesagt, welches „sich
einsenkt" in das Schlachtopfer (qui se plonge dans les entrailles);
ebenso: rostig werden, vom Sicheinfressen des Rostes, welcher
חלדותא heist; mit dem selben Worte werden endlich auch „nagende"
Krankheiten (Krebs und dergl.) benannt. So ist gewiss auch das
talmud. חלד verbergen einestheils und das syr. ܚܠܰܕ hineinschlüpfen

---

[1]) Vgl. Delitzsch, *Jesaja* s. 400. Die Wurzel ersieht man an خَلَّ höhlen,
bohren (wie חָלַל durchbohren), übertr. *se insinuare*, wie خَلِيل Freund
(Intimus) zeigt.

[2]) Ebenso geht im נֶאֱמַן der Begriff der Festigkeit, Sicherheit in den der
ewigen Dauer über; aus der physischen Widerstandskraft ist auch im
latein. *durare* die Bed. der temporalen Dauer erwachsen.

(daher kriechen, gleiten) anderntheils ein Absenker dieses خَلَد sich hineinbohren.

Kommen wir auf חֶלֶד zurück und vergleichen es mit خَلْد, خُلُود, so tritt allerdings der Unterschied hervor, dass während diese eine immerwährende, ewige Dauer ausdrücken, jenes eine vergängliche Zeit bezeichnet. So gross ist jedoch der Unterschied nicht, dass eine Vermittlung unmöglich wäre. Wenn die arabischen Wörter mehr die Festigkeit, Beständigkeit als eigentlich die Zeit ausdrücken, so ist auch חֶלֶד nicht Zeit im Allgemeinen, sondern es bed. die Dauer eines Bestandes oder eines Bestehens, sei es nun eines Menschen oder der Welt. Warum sollte also nicht خَلْد = חֶלֶד die lange oder kurze, endliche oder unendliche Dauer sein, d. h. die Zeit des Verharrens eines Zustandes oder des Bestehens einer Sache? Das Wort zeigt in diesem Falle nach seiner sinnlichen Anlage das Widerstehen gegen die Zeitbewegung an. Dieses kann aber eben so gut ein momentanes (so im Hebräischen), als ein unendliches, ewiges sein (so im Arabischen). Werfen wir noch einen Blick auf die biblischen Stellen, wo es vorkommt, so genügt Ps. 39, 6 eine solche neutrale, an sich weder Kürze noch Länge involvirende Bedeutung, da es parallel mit יָמַי. Es ist dann „mein Bestehen" = die Zeit meines Daseins in der Welt; vgl. LXX ὑπόστασίς μου; Kimchi זְמַנִי[1]). Ps. 89, 48 kann der Begriff des Unansehnlichen, Winzigen in dem מֶה liegen: *quantilli sim aevi* (Hupfeld). Noch viel entbehrlicher, wo nicht geradezu lästig ist die Bedeutung Vergänglichkeit im oben erörterten Sinne in den übrigen Stellen. Die schwierigen Worte Iob 11, 17 fasst man am einfachsten wie LXX ἀνατελεῖ σοι ζωή, wozu aber nur חֶלֶד in der Bedeutung Lebensdauer, Lebensbestand oder Lebenskraft passt. Ps. 49, 2 (und Jes. 38, 11, falls man auch hier חֶלֶד liest), wo die Erde damit gemeint ist, fügt sich ebenfalls der Begriff der Dauer

---

[1] So auch Bedarschi S. 134, wo er חלד und זמן als Synonyma behandelt, dabei jedoch bemerkt, dass Ersteres meist eine speziellere, concretere Bed. habe und ungefähr s. v. a. העולם ״״ישבי sei.

Die Zeit als determinirte. 45

besser, da jene als die Dauernde im Gegensatz zu den darüberhingehenden Geschlechtern (Koh. 1, 4) betrachtet sein kann, während es der althebräischen Glaubenswelt noch nicht eigen ist, die Erde und das Leben auf ihr als ein vergängliches im Gegensatz zu einer ewigen himmlischen Welt aufzufassen (s. Hupfeld a. a. O.). Eben deshalb ist auch nicht rathsam, Ps. 17, 14 מתים מחלד zu erklären: Männer aus der Zeitlichkeit, d. h. der vergänglichen Welt, und es haben deshalb manche Ausleger (Calv., Ven., Hitz., Hengstenb. u. A.) hier zur Bedeutung Dauer ihre Zuflucht genommen und diese in verschiedener Weise gewendet.

So dürfte die in zweiter Linie angeführte Ableitung die richtige sein und חלד demnach nicht die Zeit als bewegliche, sondern die Dauer repräsentiren, welche im Gegensatz zur Bewegung sich offenbart als ein Festes, Beständiges. Dies bestätigt sich schliesslich durch die mythologische Verwendung des Wortes bei den Phöniziern, wo חלד Plur. חלדים oder vollständiger בעל חלד, בעל חלדים Beiname des semitischen Saturn oder Kronos ist, wobei חלד die Beständigkeit oder Ewigkeit ausdrücken muss nach Analogie des gewöhnlichen Attributs dieses Gottes איתן (בעל), wovon unten.

Wir sind im Bisherigen den Benennungen der Zeit nachgegangen, welche diese als mehr oder weniger deutliches Phänomen darstellen, als etwas, was den Sinn des Menschen unwillkürlich bald so bald anders afficirt, wenn es in seinen Gesichtskreis eintritt, was ihm entgegenkommt oder sich entfernt, ihn überrascht oder langsam umkreist, vor seinem Blicke enteilt oder Bestand hat. Es bleibt uns übrig, eine wesentlich verschiedene Gattung von Stammwörtern vorzuführen, welche die Zeit als eine bestimmte, abgemessene, geordnete, geregelte kennzeichnen. Ohne zunächst die Frage zu berühren, wie diese letztern sich psychologisch gebildet haben, und wie sie sich zu den ersteren verhalten, mit welchen sie nichts gemein zu haben scheinen, konstatiren wir zunächst die Thatsache, dass es viele solcher Formen der determinirten Zeit gibt.

Die Zeit als festgesetzte: מוֹעֵד.

Im Hebräischen ist der deutlichste Repräsentant dieser Gattung בְּמוֹעֵד von וָעַד oder יָעַד (syr. ܝܥܕ, arab. وَعَدَ) festsetzen, daher etwas bestimmen (= anordnen), jemand bescheiden. Im Arabischen hat I meist die günstige Bedeutung: verheissen (eig. Belohnung festsetzen, versprechen), IV umgekehrt: androhen. Dem מוֹעֵד entspricht das arab. مَوْعِد locus et tempus promissionis und besonders مِيعَاد[1]) in derselben Bedeutung. Demnach ist מוֹעֵד die lokale oder temporale Bestimmung, d. h. der für etwas festgestellte Ort oder die für etwas festgesetzte Zeit, das angesetzte Datum. So 1 Sam. 9, 24 כַּמּוֹעֵד = auf diesen im Voraus festgestellten, daher vorausgewussten Zeitpunkt[2]). Ganz besonders ist es festgesetzte Zeit (und Ort), wo jemand eintreffen, sich einstellen soll, z. B. 2 Sam. 20, 5: וַיִּיחֶר בּוֹ־הַמּוֹעֵד אֲשֶׁר יְעָדוֹ, er blieb zurück hinter dem ihm angesetzten Zeitpunkt = traf nicht ein zur vorgeschriebenen Zeit (مِيعَاد). Die Bestimmung kann auch eine gegenseitige sein, d. h. auf Mehrerer Uebereinkunft beruhen. Heisst doch Niph. נוֹעַד gegenseitig Ort und Zeit bestimmen, verabreden, dann geradezu sich versammeln, wie syr. ܐܬܘܥܕ. Demnach ist לְמוֹעֵד דָּוִד 1 Sam. 20, 35: zur verabredeten Zusammenkunft, zum Stelldichein mit David. Vergl. auch Iob 30, 23: der Tod ist בֵּית מוֹעֵד לְכָל חָי eine Wohnung, wo alle Lebendigen wie verabredet zusammentreffen; Jud. 20, 38 מוֹעֵד = Verabredung (Böttcher: verabredetes Signal). Seine Stelle hat das Wort besonders in Sachen des Kultus, wo ja Ort und Zeit durch göttliches Gesetz bestimmt sind. Die lokale Bedeutung tritt auf in אֹהֶל מוֹעֵד, der gewöhnlichen Bezeichnung für das Heiligthum. Es ist dies allerdings „Versammlungszelt", aber genauer s. v. a. אֹהֶל הַוָּעֵד (Pappenh.): das Zelt, wohin Gott sein Volk ein für alle mal beschieden hat, oder wohin er mit seinem Volke nach Verabredung zusammenkommt (Ex. 25, 22. 30, 36 u. s. w.). Temporal ist מוֹעֵד (Pl. מוֹעֲדִים[3])

---

[1]) N. instrumenti statt n. loci od. temporis wie oft bei verbis primae י.
[2]) S. Böttcher zu der St. in der Neuen Aehrenlese § 198.
[3]) In der spätern Sprache בִּיעֲדוֹת s. Böttcher, Lehrb. § 720, 7.

Die Zeit als festgesetzte: עֵת, מוֹעֵד. 47

die für gewisse heilige Handlungen, Opfer u. s. w. anberaumte, angesagte Zeit, besonders aber der nach dem Gesetze für die heil. Feste festgesetzte Zeitpunkt,[1]) daher auch Festfeier, Festversammlung. In der jüngern Sprache ist dies die gewöhnliche Bedeutung des Wortes. An den lokalen wie an den temporalen Sinn schliesst sich leicht der Begriff der Versammlung. Wie gewöhnlich עֵדָה, جَمْع für kultische Versammlung, Gemeinde, *ecclesia*, Volksgemeinde steht, so auch מוֹעֵד (s. Num. 16, 2).

Also ist מוֹעֵד die durch gesetzliche Bestimmung verordnete Zeit. Aber auch für geschichtliche Ereignisse ist durch Gottes Plan die Zeit ihres Eintreffens vorherbestimmt, so namentlich für das gedrohte Gericht und die verheissene Erlösung, deren Erfüllung eben auf den festgesetzten Zeitpunkt warten muss. Vgl. Hab. 2, 3 כִּי עוֹד חָזוֹן לַמּוֹעֵד, das Gesicht steht aus (eig. zurück) bis zum dafür ausersehenen Zeitpunkt; ebenso Ps. 75, 3. Dan. 11, 27 u. s. w. Es gleicht in diesem Sinne dem أَجَلْ *terminus*, besonders des Gerichts oder der Vergeltung. Als Gegenstand der Sehnsucht ist מוֹעֵד der nach Gottes Abmessung eintretende Zeitpunkt der Erlösung. Vergl. das zum Theil in gleichem Sinne geltende koran. اِنَّ اللّٰهَ لَا يُخْلِفُ الْمِيعَادَ. Ueberall finden wir als den Sinn von מוֹעֵד die fixirte Zeit, sei es nun ein einzelner Zeitpunkt oder auch eine gewisse Zeitdauer (wie Dan. 12, 7), welche Unterscheidung hier nichts verschlägt. Diese Fixirung der Zeit aber geschieht durch intelligente Wesen (Gott und die Menschen), und wird von solchen, allenfalls auch vom Instinkt der Thiere (Jer. 8, 3) erkannt.

Von eben diesem Verbum יָעַד glauben wir nun auch das schon besprochene עֵת ableiten zu sollen, also für עִדָּה, עִתִּי für עִדְתִּי u. s. w.[2]) Es bezeichnet dann nach seinem Etymon ebenfalls

---

[1]) Dies ist auch die Bed. des genau entsprechenden arab. مِيقَات Pl. مَوَاقِت.

[2]) So auch Delitzsch zu Iob 24, 1 und Ps. 31, 16; vgl. Baudissin. *Transl. Ant. Arab. Libri Iobi* p. 50.

die für oder von etwas bestimmte Zeit, und verhält sich zu מוֹעֵד ähnlich wie das arab. وَقْت zu مِيقَات (dieses nach den Arabern = مَا وَقْتَ بِهِ). Der Unterschied zwischen עֵת und מוֹעֵד ist der, dass bei עֵת, wo die Grundform auch nicht mehr deutlich erhalten ist, das Moment der bewussten Absichtlichkeit, welches in מוֹעֵד liegt, fast ganz zurücktritt. Dieses ist etwa die „angeordnete," jenes die „ordentliche" Zeit. Im weitern Verlauf wird עֵת noch mehr abgeschwächt. In seiner ursprünglichen Eigenschaft steht es nach der gegebenen Ableitung da, wo es die für etwas bestimmte, die rechte Zeit[1]) bedeutet, nämlich a) die durch Naturgesetze bestimmte, daher normale Zeit, z. B. für Geburten (Iob 39, 2), für das Eintreten des Regens (Zach. 10, 1 u. a.), für das Reifen der Früchte (Ps. 1, 3 u. oft; vgl. besonders Hosea 2, 11, wo im gleichen Sinne מוֹעֵד daneben steht), für die Wanderzüge der Vögel (Jer. 8, 17, wo es wiederum parall. מוֹעֵד). b) die durch die Uebung, den Brauch festgesetzte, also übliche, gewöhnliche Zeit (Gen. 29, 7.). c) die durch die Regeln der Weisheit (Moral) bestimmte, die ethisch richtige, passende, schickliche Zeit; so Prov. 15, 23 דָּבָר בְּעִתּוֹ und namentlich im Koheleth z. B. 8, 5 עֵת וּמִשְׁפָּט und vielmals 3, 1 ff. (vgl. 10, 17): Alle Beschäftigungen der Menschen haben eine schickliche Zeit, d. h. eine Zeit, wo sie sich schicken, wo sie, wie wir mit Beiziehung des Räumlichen sagen, am Platze oder wo sie statthaft sind;[2])

---

[1]) Auch in καιρός finden sich die Begriffe der (qualitativen) Bestimmtheit und der Richtigkeit, Gelegenheit u. s. w. vereinigt. *Nam quod opportune fit, id etiam certo quodam tempore fieri cogitatur; contra quod temere fit nec certo tempore, id etiam inopportune plerumque fiat necesse est.* Tittm. 1. c. II, X. Im Sanscr. entspricht dem עֵת ziemlich genau *kâla* (wie καιρός verschieden abgeleitet), welches wie das ältere *rtu* eine bestimmte oder die für etwas passende Zeit bedeutet, daher auch *in malam partem* die für jemand verhängnissvolle Zeit, d. h. geradezu den Tod.

[2]) Ueberhaupt ist עֵת nicht der zeitliche Raum, sondern der zeitliche Ort, die zeitliche Stätte.

sie haben also eine relative Berechtigung[1]). d) die durch Vertrag oder Versprechen bestimmt angesetzte Zeit (مِيعَاد) 1 Sam. 18, 19. e) die durch Gottes Rathschluss vorausbestimmte Zeit, also ganz wie מוֹעֵד steht, z. B. die Zeit des Gerichts עֵת הָיא wie הַיּוֹם Ezech. 7, 7. 12. — עִתָּהּ die Zeit ihres Verhängnisses Jer. 13, 22; ähnlich Jer. 27, 7, gleichbedeutend mit dem bei Jeremia häufigen עֵת פְּקֻדָּתָהּ; vgl. Koh. 3, 17. 9, 11. Ebenso ist עֵת die von Gott dem Menschen zum Sterben verordnete Zeit, welcher aber der Mensch auch zuvorkommen kann, Iob 22, 16 Koh. 7, 17. Besser zieht man indessen diese beiden Stellen zu a), so dass an der erstern der Umstandssatz וְלֹא־עֵת aussagt, dass noch nicht das normale, naturgemässe Alter erreicht sei, wo sonst der Tod zu erfolgen pflege. Namentlich ist aber hier Iob 24, 1 zu beachten: עִתִּים = bestimmte Abrechnungstermine, wofür gewiss auch מוֹעֲדִים stehn könnte; ferner Dan. 11, 24 וְעַד־עֵת = וְעַד מוֹעֵד (إلى أجل). Doch tritt, wie schon bemerkt, bei מוֹעֵד die Bestimmtheit als in göttlichem oder menschlichem Willen begründete mehr hervor. Lehrreich für die Unterscheidung beider ist Ps. 102, 14 כִּי עֵת לְחֶנְנָהּ כִּי בָא מוֹעֵד: denn es ist Zeit (rechte Zeit) sie zu begnadigen; denn gekommen ist der dafür festgesetzte Zeitpunkt. Man sehe auch den mehrere Zeitbegriffe veranschaulichenden prophetisch-terminologischen Satz עַד־עֵת קֵץ כִּי־עוֹד לַמּוֹעֵד Dan. 11, 35 (vgl. 27. 8, 17. 12, 4. Ezech. 21, 30 u. ö. Hab. 2, 3).

Wie aber עֵת die für etwas bestimmte, gesetzte, geordnete Zeit bezeichnet, so auch die von etwas bestimmte, dadurch unterschiedene, individualisirte, inhaltlich besondere. Beides geht ja in einander über. So ist עֵת מַלְקוֹשׁ eben so gut die für den Spätregen festgesetzte, ihm gleichsam zugeeignete Zeit, wie auch die Zeit, wo der Spätregen fällt, die ihre Eigenthümlichkeit am Spätregen hat; עֵת רָצוֹן ebenso sehr die Zeit, welche Gott für die

---

[1]) Koh. 3, 11: אֶת הַכֹּל עָשָׂה יָפֶה בְעִתּוֹ, wo בעתו als einschränkende Bestimmung mit יפה, nicht mit עשה zu verbinden wie Bereschith Rabba c. 9: בעונתו נברא העולם שלא היה העולם ראוי לבראו קודם לכן

Gnade bestimmt hat, als die Zeit, da Gottes Gnade vorhanden ist, die sich dadurch von andern Zeiten unterscheidet. Also ist עֵת qualitativ bestimmte Zeit. Dies zeigt auch der Gebrauch des Plurals für Zeitläufte, worin die Verschiedenheit des Inhalts der einzelnen Zeiten sich andeutet. So werden Est. 1, 13 (vgl. 1 Chr. 12, 32) die Weisen genannt יֹדְעֵי הָעִתִּים Kenner der Zeitläufte, d. h. solche, welche für die verschiedenen Zeitumstände das rechte Verhalten kennen. Und Ps. 31, 16 sagt der Beter: בְּיָדְךָ עִתֹּתָי in deiner Hand sind die verschiedenen Zeiten (Phasen) meines Lebens, wobei wiederum in der Mehrheit der Zeiten die Mannigfaltigkeit dessen liegt, was sie enthalten, so dass dem Sinne nach das οἱ κλῆροί μου LXX, *sortes meae* Vulg., נָעִי Bedarschi's richtiger als die Erklärung „meine Lebenszeit" (Hupfeld), was vielmehr etwa כל ימי חיי hiesse[1]).

Zu der angegebenen Grundbedeutung von עֵת passt auch עַתָּה, welches mittelst seiner adverbialen, ursprünglich accusativischen Flexionsendung הָ— den gegenwärtigen Zeitpunkt fixirt, und zwar keineswegs ohne Rücksichtnahme auf seine Beschaffenheit, z. B. Gen. 22, 12 „Nun (עַתָּה) weiss ich . . .", nämlich nachdem solches geschehen ist. An andern Stellen ist es: nun, da die Sache sich so verhält; es hat conclusiven Sinn wie das im N. T. häufig logische, nicht temporale νῦν (νυνί), und wird von LXX bisweilen geradezu mit διὰ τοῦτο übersetzt. — Auch andere Verwendungen von עֵת gewinnen an Deutlichkeit durch unsere Erklärung des Wortes. Das häufige בְּכָל־עֵת ist demnach nicht „allezeit" im Sinne von: während der ganzen Dauer der Zeit, sondern „jederzeit" = zu jeder einzelnen bestimmt angenommenen Zeit oder Stunde.[2]) Beachtenswerth

---

[1]) Die eigentliche Dauer oder Länge des Lebens wird nie durch עת, sondern mittelst ימים, שנים (חלד) ausgedrückt (Ps. 23, 6. Gen. 47, 9).

[2]) Darauf kommt hinaus, was Pappenheim bemerkt: בכל מקום שיבוא שם נאמר בכל עת הוא מוכרח ומוכרח עמי מאמר נעלם כמו יאל יבא בכל עת (ויקרא ט״ז) הצה עת ש״י בכל פ״י Auch an andern Stellen, wo die eigenthümliche Bestimmtheit von עת hervortritt, wie in jenem לא עת, statuirt er eine solche Ellipse.

Der Begriff des Mals. 51

ist auch רַבּוֹת עִתִּים¹) Neh. 9, 28: zu vielen Zeiten = zu vielen Malen²); in diesem Sinn steht auch der Plur. des arab. وَقْتٌ und des äthiop. ጊዜ:, welche, wie schon erwähnt, eine gewisse, bestimmte Zeit bezeichnen.³) Ferner stimmt mit der ursprüng-

---

¹) Die Vielen anstössige Voranstellung des Adjektivs findet sich auch sonst bei רַבִּים, welches nach Analogie der Zahlwörter behandelt wird. So 1 Chr. 28, 5. Ps. 32, 10 u. s. w. vgl. Delitzsch zu Ps. 89, 51.

²) Ueber den Begriff des „Mal" und dessen sprachlichen Ausdruck in den indogerm. Sprachen s. die Abhandlung von Tobler in der Steinthal'schen Zeitschrift III, 301 ff.

³) Der Begriff des „Mal" oder „mal" bei der Aufzählung wird im Hebr. selten durch Wörter der Zeit ausgedrückt. Meist stehen dafür Benennungen wie יָד Hand (als Maass: Handvoll), רֶגֶל Fuss, auch Tritt, פַּעַם Schritt, vgl. arab. مَرَّةٌ، خُطْوَةٌ — also lauter dem menschlichen Leibe abgenommene quantitative Einheiten, welche sich dazu eignen, durch gleichartige Wiederholung zur Mehrheit erhoben zu werden, d. h. eine Zahl zu bilden. Daher steht in gleicher Bed. auch das abstrakte מִנָה (Pl. מִנִים Gen. 31, 7. 41) Zählendes, Zahleinheit. Benennungen der Zeit dafür in Anspruch zu nehmen, lag aber um so näher, da die Reihe, die durch solche Wiederholung entsteht, in den meisten Fällen eine zeitlich sich bildende ist, wobei die einzelnen Glieder nach einander auftreten, also einer Reihe von Zeitpunkten oder Zeitabschnitten entsprechen. Hat doch selbst von den genannten Wörtern פַּעַם bisweilen geradezu eine temporale Bedeutung bekommen; vgl. הַפַּעַם Gen. 2, 23. 46, 30. Wie andere Sprachen bedienen sich daher auch die semitischen, um das „Mal" auszudrücken, solcher Benennungen, die eine auf Vermehrung angelegte Zeiteinheit angeben wie دَفْعَةٌ vgl. طَرْفَةٌ، ضَرْبَةٌ Zeitpunkt, oder تَارَةٌ، كَرَّةٌ eig. Zeitumdrehung, Zeitumkehr; dann überhaupt solcher, welche eine abgegränzte Zeit (so זְמַן, wie sich zeigen wird) oder wenigstens eine bestimmte, unterschiedene, wenn auch nur durch ihren Inhalt besonderte Zeit (wie עֵת) bezeichnen.

Es scheint uns dabei nicht so merkwürdig, wie Tobler (a. a. O. S. 330) es findet, wenn die Bezeichnung des Zeitraums auf das Mal übertragen wird. Wird z. B. der Zeitraum wie häufig bei den Semiten als Kreis angesehen, weshalb sollte es ferner liegen, nach solchen Zeitwendungen zu zählen, als nach Zeitpunkten? Umwendungen (ital. *volta*, franz. *tour*, beide an sich nicht temporal) eignen sich zum Zählen ganz so gut wie abgebrochene Schläge. Im Allgemeinen aber lassen sich Zeit-

4*

lichen Bedeutung: Zeitsetzung, Zeitansatz der in spätern bibl. Büchern und in der Mischna vorkommende Gebrauch von בְּעֵת לְעֵת, בְּעֵת עַד־עֵת, בְּעֵת אֶל־עֵת, wonach es keineswegs unbestimmt „von Zeit zu Zeit" bedeutet, sondern von einer bestimmten Zeit zur andern, etwa alle 24 Stunden (Ezech. 4, 10), alle 8 Tage (1 Chr. 9, 25) u. dgl. Ebenso כָּעֵת „um die bestimmte Zeit", d. h. um die selbe Zeit des Jahres, z. B. in der Verbindung כָּעֵת הַיָּה eig. um die selbe Zeit wenn sie wieder auflebt; oder auch: um die selbe Tageszeit, wie in dem häufigen כָּעֵת מָחָר, um diese Zeit, wenn es morgen ist, vgl. מוֹעֵד Deut. 16, 6: du sollst das Passah schlachten am Abend um Sonnenuntergang מוֹעֵד צֵאתְךָ מִמִּצְרָיִם = um die bestimmte Zeit deines Ausziehens, d. h. zur selben Stunde, wie da du auszogst.

Einleuchtend ist übrigens, dass bei עֵת, gerade wenn es ursprünglich irgendwie bestimmte Zeit bedeutete, leicht eine weitschichtige Anwendung des Wortes eintreten konnte, da alle Zeit mehr oder weniger durch ihren Inhalt bestimmt ist, während hingegen ein ganz abstraktes Wort dem semitischen Alterthum entbehrlich war, weil ihm der abstrakte Begriff der Zeit mangelte. So konnte עֵת im alten Hebräisch für den Begriff „Zeit" genügen. Wo indessen die blosse Zeitdauer in Betracht kommt, stehen zumeist die rein quantitativen Ausdrücke יָמִים, שָׁנִים u. dergl.[1])

räume zählen, sobald sie von einander unterschieden sind. Dass dagegen Wörter welche „die Zeit überhaupt," d. h. ohne alle nähere Bestimmung bedeuten, auf das Mal übertragen werden, müssen wir für das hebr. עֵת, welches Tobler anführt, so gut wie für die eben erwähnten übrigen semit. Wörter ablehnen. Wie sich's mit dem engl. *time* verhalte, lassen wir dahin gestellt. Dagegen heben wir noch hervor, dass das ebendort (S. 302 ff. u. 330) einigen indogerman. Sprachen (Lat. Griech. Sanscr.) zugeschriebene Verfahren, das „mal" mit Umgehung eines besondern Substantivs durch das blosse Zahlwort oder eine Modification desselben auszudrücken, den semitischen keineswegs fremd ist. Man sehe für das Hebr. Gesenius § 120, Ewald § 269; für das Arab. Wright, *Grammar of the Arabic language (transl. from the German of Caspari)* I p. 213.

[1]) Dass יָמִים im Plur. oft für Zeit (עֵת) stehe, erinnert schon Kimchi.

Die Zeit als gezählte: עֶדֶן. 53

Man beachte die Stelle Lev. 15, 25, wo עֵת die gewöhnliche, normale Dauer, יָמִים die beliebig eintretende oder sich ausdehnende Zeit des Blutflusses bedeutet. Wie der Stamm יָעַד, von welchem wir בּוֹעֵד und עֵת herleiteten, so trägt auch die Form עָדַד, welche lautlich demselben nahe steht und wohl eng verwandt ist, ebenfalls den Charakter der Bestimmtheit an sich, wenn auch mit etwas besonderter Bedeutung. Auch dieser Stamm liefert Zeitbezeichnungen. So kommt das Wort, welches im Chald. gewöhnlich die Stelle von עֵת vertritt, עִדָּן von diesem (ungebräuchlichen) עָדַד = عَدَّ ¹) eig. in Reihe aufstellen, zählen, abzählen, bestimmen; so مَعْدُود, gezählt, bestimmt (gewöhnlich allerdings: zählig = wenig ²) z. B. Sure 2, 180: أَيَّامًا مَعْدُودَاتٍ = eine bestimmte Anzahl von Tagen. Demnach ist עִדָּן (عَدَّان, عَدَّ, عِدٌّ) die Zeit als Zahl, als abgezählte, abgemessene. Wie in עֵת liegt also darin der Begriff der Bestimmtheit; dieser ist aber hier nicht qualitativ wie vorzugsweise bei עֵת, sondern numerisch. Demgemäss ist עִדָּן entweder eine abgezählte, quantitativ bestimmte Zeitdauer, ein Zeitbetrag wie z. B. Dan. 4, 13. 20 u. ö., wo es dem Sinne nach s. v. a. Jahr, oder ein abgezählter, ausgerechneter Augenblick; letzteres (mit allmählichem Verschwinden der Bestimmtheit) bes. im Syr., z. B. رِخْلٌ, سَعْدَّا, augenblickliche Aufwallung³). Aehnlich wie bei עֵת findet dann

---

Pappenheim macht darauf aufmerksam, dass יָמִים in den ältern BB. oft vorkomme, wo זְמַן am Platze wäre (Fol. ט ᵇ 1.); das ist richtig, sofern man wenigstens, wie er thut, dem זְמַן nach späterem nachbiblischem Sprachgebrauch die Bedeutung rein quantitativer, abstrakter Zeitdauer ohne Rücksicht auf den Inhalt (im Gegensatz zu עֵת) beilegt. Dass man zum Ausdruck dieses abstrakten Begriffs eine Vorstellung, welche der sinnlichen Wahrnehmung entstammte (Tag), zu Hülfe nahm, ist ihm ebenfalls nicht entgangen.

¹) Siehe über den Wortstamm Ethé, a. a. O. I, S. 29 ff.
²) Siehe Fleischer, Sitzungsberichte 1862 S. 31.
³) S. Kirsch, *Chrestom. Syr.* p. 24, 1. 3.

mehr und mehr eine Abschleifung des bestimmten Charakters bei dem Worte statt[1]), wie es denn in den Targumim die Stelle von עד vertritt.

Den Rest einer temporalen Benennung von der gleichen Wurzel bietet uns die Bezeichnung בֶּגֶד עִדִּים Jes. 64, 5, statt dessen die jüdischen Ausleger zum Theil בֶּגֶד עִדִּים lesen: ein Gewand, das Zeugniss gibt, näml. über Unreinigkeit.[2]) Der Sing. von עִדִּים ist uns nicht erhalten; die Bedeutung ist, wie das arab. عِدَّة bestätigt[3]): die Periode der Unreinigkeit; demnach בֶגֶד עִדִּים ein mit Menstrualblut beflecktes und also (nach Lev. c. 15) unfläthiges Kleid. Denn عِدَّة bedeutet Zahl, Anzahl, Summe, ziemlich gleich عَدَدْ, namentlich aber eine auszurechnende Anzahl oder abzuzählende Reihe von Tagen für das Fasten u. dgl., besonders aber für die Reinigung der Frau (Sure 65, 1. 4; vgl. 33, 48). Im letztern Sinne steht das in Frage stehende עִדִּים.

Im Buche Daniel wird mit עָדָן mehrmals als sinnverwandtes Wort זְמַן[4]) verbunden; beide stehen dort in der Bedeutung einer genau bestimmten, festgesetzten Zeit und auch nach dem sonstigen Gebrauch des letztern Wortes gehört dasselbe durchaus in die vorliegende Kategorie. Das Pa'el זַמֵּן (أَزْمَنَ) bed. ähnlich wie יָעַד bestimmen, eine Sache ordnen, bereiten, einen Menschen bestellen; diesen Sinn passiv gewendet weist das Part. Pe'il im Chald. und Syr. auf. Das Hithpa'ël Dan. 2, 9 entspricht dem Niph. von יעד. Auch إِنى kaufen dürfte sich an die Bed. „bestimmen" anlehnen.[5])

---

1) So schon Dan. 5, 15; vgl. dagegen 2, 21. 7, 12.

2) Pappenheim, sich stützend auf die Wurzel עד, welche nach ihm die Zugehörigkeit (שַׁיָּכוּת) ausdrücken soll, und aus welcher er auch מֵעִיד ableitet, erklärt: בלאית מחוּברוֹת זה לזה, also nicht ein beflecktes sondern geflicktes Kleid.

3) Vgl. jedoch Böttcher § 705, 3.

4) Nach Böttcher § 736 ist dies nur die pausale Form von זְמַן. Vgl. § 762 a.

5) Vgl. dazu יעד in der Bed.: ein Weib zum Eigenthum (zur Gattin) bestimmen, auswählen.

Gebrauchsweise des Nomens זְמָן.   55

Ewald betrachtet als Grundbedeutung: bereiten, anschaffen; auch die Zeit soll nach ihm vom Bereiten den Namen haben.[1]) Wir sehen die Bedeutung *statuere* als die nächste und *parare* als deren Besonderung an. Das Part. Puʻal מְזֻמָּן in nachexilischen Schriften entspricht dem arab. مُوَقَّت[2]); עִתִּים מְזֻמָּנִים[3]) sind amtlich festgesetzte (Ezr. 10, 14) oder kalendarisch fixirte Zeiten oder Tage (Neh. 10, 35. 13, 31). Aber auch das Nomen זְמָן selbst hat analogen Sinn, z. B. Est. 9, 27. 31: das für ein Fest gesetzlich vorgeschriebene Datum. זִמְנִין (neben דָּת Dan. 7, 25) heissen „die bestimmten Epochen, an welche gottesdienstliche Handlung geknüpft war" (Hitzig), welche abändern zu wollen Zeichen grösster Anmaassung ist. Ebenso heisst זְמָן ein im Voraus bezeichneter, in Gottes Rathschluss für etwas festgesetzter Zeitpunkt Dan. 7, 22; ferner das Zeitmaass, welches den Dynastien gegeben ist. Ihre Dauer ist nämlich festgesetzt עַד־זְבַן וְעִדָּן Dan. 7, 12, wo der Sinn verlangt, dass in den beiden synonymen Zeitausdrücken der Begriff der Bestimmtheit vorherrsche. Ebendas. 2, 21 זִמְנַיָּא (parall. עִדָּנַיָּא) = die Zeitmarken, welche Gott allein setzen und versetzen kann (Act. 1, 7; vgl. 1 Thess. 5, 1). So entspricht es überall genau dem althebräischen מוֹעֵד, wie es denn durchweg zur Uebersetzung desselben angewendet wird, sogar da, wo dieses den Bestimmungs-Ort bedeutet, indem משכן זמנא gesetzt wird für אֹהֶל מוֹעֵד. Es steht auch für רֶגַע, sofern es ja einen Zeitpunkt oder Augenblick, nur eben einen bestimmten, genau bezeichneten, bedeuten kann. Gesenius bemerkt (im *Thesaur.*) zu זְמָן: *Non temporis spatium notat sed temporis momentum.* Doch gilt von dem Worte, dass dabei mit dem bestimmt bezeichneten Zeitpunkt sich leicht der bestimmt abgegränzte Zeitraum verbindet, wie bei dem arabischen أَجَل, welches einerseits den bestimmten Termin,

---

[1]) Götting. Gel. Anz. 1858 S. 807 f.
[2]) Vgl. مُوَقَّت Kalendermacher.
[3]) LXX (καιροὺς ἀπὸ χρόνων) lasen fälschlich מִזְּמַנִּים.

anderseits die bis dahin ablaufende Frist bezeichnet[1]). So kann das chald. זְמָן (wie dies beim arab. زمان das gewöhnliche) auch eine Zeitdauer, einen Zeitraum in sich fassen, nur eben einen abgesteckten, abgegränzten. Vgl. z. B. Dan. 2, 16, wo Daniel bittet דִּי זְמָן יִנְתֵּן לֵהּ, dass ihm ein Termin oder eine Frist (LXX χρόνος) gegeben werde.

Wir werden also kaum irren, wenn wir für זְמָן als Grundbedeutung die **bestimmt markirte, abgegränzte Zeit** annehmen. Sehen wir uns aber nach einer Ableitung aus dem sinnlichen Gebiet für diesen Begriff um, so empfiehlt sich am meisten eine Kombination mit סִמָּן abgränzen, wie es sich noch Jes. 28, 25 findet, wo נִסְמָּן dem Parallelismus der Verstheile gemäss einen abgegränzten, abgesteckten Platz bedeutet. Dieselbe Bedeutung stellt sich dar in dem talmud. סַמֵּן bezeichnen, bestimmen, woher das in der Masora heimische und nicht aus σημεῖον gebildete סִימָן Zeichen; ebenso in סִיֵּם abgränzen, daher abschliessen, wovon סִיּוּם Schluss, Schlussfeier. זְמָן[2]) wäre demnach eigentlich die **bezeichnete, abgemarkte Zeit**, daher entweder angegebener **Zeitpunkt** (vgl. στιγμή, welches indessen mehr minutiöser Natur ist) oder mit bestimmten Linien abgegränzte **Zeitdauer**. Während עִדָּן seinem Ursprung nach die arithmetische Zahl ist, wäre זְמָן ebenso ursprünglich das geometrische Maass; es hätte also eine ebenso bestimmte und ebenso deutlich **quantitative** Färbung.

---

[1]) Beidâwî zu Sure 6, 2: فانّ الاجل كما يطلق لاخر المدّة يطلق لجملتها

[2]) Wir können nicht umhin, hier das deutsche *mâl* zu vergleichen = Zeichen; goth. *mêl* Zeit; Plur.: Schriftzeichen (*mêljan* schreiben); *mâl* bestimmte Zeit, z. B. *des mâles* = damals, dazumal (Grimm, Gramm. III, 129.); besonders aber Essenszeit (vgl. nhd. Mahl). Aus der Bed. „bestimmte Zeit" ist das Wort in seine neuhochdeutsche (*vices*) übergegangen, indem es seit Luther an die Stelle des ahd. *stunta* (eig. Augenblick, Zeitpunkt) trat (s. Grimm, Gramm. III, 231 f. Vgl. auch Tobler a. a. O. S. 307). Auch diese Bed. hat es mit dem targ. זִמְנִין und dem syr. ܙܒܢܬܐ gemein.

Uebrigens hat auch dieses Wort von seiner anfänglichen Bestimmtheit viel eingebüsst. Abgesehen von der rabbinischen Sprache, wo es auch den philosophischen Begriff der Zeit als abstrakte Form ausdrückt, und vom Syrischen, wo es beinahe das einzige Wort für Zeit ist, bezeichnet es im Arabischen im Allgemeinen einen Zeitraum, wobei zwar das Bewusstsein von dessen Begränztheit sich erhalten, aber der ausgeprägte Charakter der Bestimmtheit sich verloren hat. Letzterer wird in diesem Dialekte vielmehr durch وَقْت ausgedrückt. Man vergleiche die treffende Definition dieser Synonyma, welche Beidâwî zu S. II, 185 gibt: المطلقة المدّة انّ الزمان و المدّة بين و بينه والفرق
امتداد حركة الفلك من مبدأها الى منتهاها والزمان مدّة مقسومة
والوقت الزمان المفروض لامر

Es sei uns hier auch gestattet, die Ansicht der jüd. Synonymiker über die eben erörterte hebr. Wortgruppe in der Hauptsache darzulegen, da dieselbe nicht ohne Interesse ist. Bedarschi (S. 123 f.) kommt über eine rein empirische Aufnahme und ziemlich äusserliche Charakterisirung der fraglichen Synonyma nicht hinaus: Nach ihm lässt sich עת von einer einzigen Stunde (Gen. 29, 7) oder einem Theil des Tages (daher auch vom Wetter) sagen, und drückt dabei etwas Gewöhnliches aus, was beständig kommt (לבא המותמיד), und alle Augenblicke eintreten kann (Koh. 3, 1 ff.). Dagegen geht זמן auf einen ganzen Tag (Neh. 2, 6), und bezeichnet die Epoche, wo etwas Fernliegendes, Grosses (דבר רחוק, גדול), d. h. Ausserordentliches eintrifft. Daneben steht עת geradezu für הכמה oder דעת (Koh. 8, 5), עתים für דינים (1 Chr. 12, 32) u. s. w.[1]), ferner für יום (z. B. Dan. 12, 11). Im Unterschiede von diesen beiden Substantiven (עת und זמן) bezeichnet

---

[1]) Auch jenes עתי Lev. 16, 21, welches wahrscheinl. = ὡραῖος oder ἕτοιμος (LXX), zur Zeit vorhanden, *obvius*, erklärt Bed. חכם ובקי בדינים יודע מה לעשות מן השעיר ההוא Nach dem Vorgang Abulwalîds zieht er auch לעות Jes. 50, 4 zu עת und erklärt es: mit Zeit und Weile, *pedetentim*.

בְּוֹעֵד stets die bestimmte, für eine Sache festgesetzte Zeit (הַזְּמַן הַקָּצוּב). Systematischer verfährt Pappenheim. Nach ihm wird der Zeitbegriff durch die drei Wörter זְמָן, עֵת und מוֹעֵד in drei Unterarten erschöpfend eingetheilt. Unter diesen spricht er dem זְמָן (welches mit זָמָה Gedanke zusammenhange) die geistigste abstrakteste Bedeutung zu: es ist die Zeit als solche (הַזְּמַן עַצְמוֹ), und gibt die rein quantitative Dauer einer Sache an auf die Frage כַּמָּה wie lange? Die beiden andern Wörter dagegen drücken eine Beziehung auf ein anderes zeitliches Sein aus, eine Zeitordnung (סֵדֶר זְמַנִּים), stehen daher auf die Frage בְּמָתַי wann? Diese Zeitordnung aber kann entweder als Nachordnung, Folge gedacht werden — daraus entspringt die Zeitverkettung (שִׁלְשׁוּל זְמַנִּי); die Zeit als Glied einer solchen bezeichnet עֵת — oder aber als Beiordnung; die Gleichzeitigkeit, welche aus dieser hervorgeht, drückt מוֹעֵד aus. Diese Angaben sind in begrifflicher Strenge nicht aufrechtzuhalten. Wir fanden ja z. B., dass זְמָן nach seinem ursprünglichen Gebrauch ganz dem מוֹעֵד entspricht, für welches es in der spätern Sprache eingetreten ist. Indessen liegt doch etwas Wahres in allen jenen Bestimmungen. Das neuhebräische זְמָן — und dieses hat der Verfasser im Auge — ist in der That ganz abstrakten Charakters wie kein Wort der alten Sprache, und drückt die bloss quantitative Dauer aus. In מוֹעֵד liegt an sich nicht die Gleichzeitigkeit, doch kann sich diese Vorstellung leicht an die einer angesetzten, vereinbarten Zeit anschliessen (vgl. oben S. 52). Am wenigsten glücklich scheint עֵת gezeichnet zu sein; denn die Vorstellung der Reihenfolge oder des Nacheinander ist ihm ganz fremd. Besser eignet sich noch zu einer solchen Reihenbildung זְמָן, daher man eben von einem סֵדֶר זְמַנִּים spricht. Was indessen damit eigentlich gesagt sein soll, nämlich dass עֵת nicht eine in der Luft schwebende Zeitform sei, sondern eine Einreihung oder Einordnung in den Verlauf des Geschehens in sich trage, dass es also nicht (wie χρόνος oder nachbibl. זְמָן) der Zeit als blosser Form sondern als einem inhaltlich Bestimmten gelte, ist

Die Zeitmaasse. 59

wesentlich dasselbe, was wir gefunden haben. Ein Beispiel mag noch diese Auffassung in ihrer Verschiedenheit von der unsern beleuchten. Die Stelle Koh. 3, 1 לַכֹּל זְמָן וְעֵת לְכָל חֵפֶץ gibt uns zwei dieser synonymen Zeitbenennungen. Will man das Etymon derselben berücksichtigen, so hat man nach unserer Darstellung zu unterscheiden: 1) Alles hat eine vorgezeichnete Zeit, worin sowohl liegt: einen abgemessenen Zeitpunkt, wo es eintreten, als eine zugemessene Zeitdauer, wie lange es währen soll, und 2) Jede Sache hat eine für sie bestimmte, d. h. günstige[1]) geeignete, passende Zeit. Pappenheim dagegen verschiebt den Unterschied der Glieder ein wenig, indem er ihn folgendermaassen angibt: 1) Alles hat eine vom Schöpfer abgemessene, längere oder kürzere Dauer (ohne alle Rücksicht auf das Wann? derselben). 2) Jedes Ding hat eine von bestimmten Ereignissen begränzte Zeit, wann es im Lauf der Welt eintritt.[2])

Werfen wir, nachdem wir von der bestimmten Zeit gesprochen, schliesslich noch einen Blick auf die einfachsten Zeitmaasse, deren Vorhandensein die Zeitbestimmung bedingt, so sind dieselben, wie uns die Sprache lehrt, von zweierlei Art: die ursprünglichsten sind nichts anderes als solche Erscheinungen, die für ihre regelmässige Dauer oder Wiederkehr eine bestimmte Zeit in Anspruch nehmen. Als Erscheinung kennzeichnen den Tag und die Nacht die Namen, die sie in allen Sprachen führen; so heisst z. B. arab. نَهَار, pers. روز der Tag als der Leuchtende[3]), und ähnlich verhält sich's wohl mit dem hebr. יוֹם und לַיְל, wie ja auch

---

[1]) Olympiodorus macht für die Stelle nicht unpassend den Unterschied von χρόνος und καιρός geltend: χρόνος μέν ἐστι τὸ διάστημα καθ' ὃ πράττεταί τι· καιρὸς δὲ ὁ ἐπιτήδειος τῆς ἐργασίας χρόνος, ὥστε ὁ μὲν χρόνος καὶ καιρὸς εἶναι δύναται· ὁ δὲ καιρὸς οὐ χρόνος ἀλλ' εὐκαιρία τοῦ πραττομένου ἐν χρόνῳ γινομένη.

[2]) Nach Bedarschi geht an dieser Stelle זמן auf das Ungewöhnliche (כלומר לכל דבר גדול יש זמן להעשות), עת auf das, was allaugenblicklich eintritt oder aufhört (ועת לכל חפץ לשנות כרגע ההוה להפסד והנפסד להיות).

[3]) S. Ethé a. a. O. I S. 27 ff.

die einzelnen Tageszeiten (בֹּקֶר, עֶרֶב u. s. w.) nach den ihnen eigenen Erscheinungen benannt sind. Diese Erscheinungen der Nacht, welche das Leben deutlich in Abschnitte zerlegt, und des Tages, welcher eine bestimmte Zeit dauert, werden aber auch von allen Völkern als das erste und hauptsächlichste Zeitmaass verwendet. Das hebr. יוֹם bezeichnet den Tag ebensowohl als Phänomen wie als Zeitmaass. Nur durch leichte Modificationen unterscheiden in der Benennung den Tag als Erscheinung (نهار) und den Tag als Zeitdauer das Chaldäische, wo letzterer יוֹמָא, ersterer יְמָמָא heisst, das Syrische (ܝܘܡܐ, ܐܝܡܡܐ) und das Aethiopische.[1]) Nicht anders bezeichnen יֶרַח, חֹדֶשׁ ebensowohl eine Erscheinung — und dies ist das eigentliche — als die davon abgenommene, zum Maasse dienende Zeitdauer.[2]) Auch das Jahr ist, wie sein hebr. Name שָׁנָה[3]) Wiederholung (nämlich: der ganzen Reihe von Erscheinungen, welche das Jahr bilden) zeigt, der Naturanschauungen entnommen.[4]) Auf solche regelmässige Naturerscheinungen ist alle Zeitbestimmung gebaut[5]), wie Gen. 1, 14 lehrt, wonach die Gestirne לְאֹתֹת וּלְמוֹעֲדִים bestimmt sind, d. h. zu Zeichen und zeitlichen Vereinbarungen = Zeitbestimmungen für den Verkehr.

Neben solchen phänomenellen oder natürlichen Maassen lehrt uns aber die Sprache noch andere kennen, welche rein conventionell sind, d. h. solche, die nicht einer in der Natur gege-

---

[1]) Vgl. die roman. Zusatzsilben bei den entspr. Ww. ital. *annata*, franz. *année*; ital. *giornata* franz. *journée* u. s. w.

[2]) S. Sirach 43, 6—8.

[3]) שׁנה = ثنى eig. umbiegen, falten, daher verdoppeln. Auffällig ist dabei allerdings das שׁ in ثنة sowie das שׁ im aram. שׁנא, wo man statt dessen ת erwartete; doch ist es auch sonst nicht unerhört, dass das hebr. שׁ bei einem Wortstamm sowohl dem arab. س als ث entspricht. Vgl. z. B. hebr. שׁנה arab. ثان, سان und سال.

[4]) Vgl. Censorinus, *De die natali* c. 19—23 die Unterscheidung von *annus, mensis, dies civilis* u. — *naturalis*, sowie ebenda c. 17 *saeculum naturale* u. *civile*.

[5]) Philosophisch ausgedrückt: nur durch gleichartige Bewegung kann die ungleichartige gemessen werden.

benen realen Zeitgrösse entsprechen. Man denke z. B. an שָׁעָה, welches von einer jedenfalls nicht mathematisch zu bestimmenden Grundvorstellung aus zu dem astronomisch festen Begriff der Stunde als des 12ten Theils des Tages gekommen ist. Wenn übrigens auch der Name eines solchen Zeitmaasses rein conventionell ist, so ist damit keineswegs gesagt, dass keine Anlehnung an die Naturverhältnisse bei Fixirung der Vorstellung stattfinde. Hat doch z. B. auch das Jahr trotz seines natürlichen Charakters in manchen Sprachen einen rein conventionellen Namen angenommen, wie es z. B. im Neugriechischen χρόνος heisst, ein Name der weiter nichts als den Begriff einer Zeitlänge ausdrückt.

Das Ergebniss unserer Untersuchung über den sprachlichen Ausdruck der (endlichen) Zeit, welches wir noch kurz zusammenfassen, dürfte einiges Licht werfen auf die Art und Weise, wie der menschliche, speziell der semitische Geist sich allmählich dieses Begriffes bemächtigte. Denn wir geben zwar Tobler Recht, welcher in der öfter angeführten Abhandlung sagt, das, was anderweitig über Raum und Zeit psychologisch feststehe, könne durch Ergebnisse der Sprachphilosophie nicht erschüttert sondern höchstens verschoben, im einfachsten Falle aber bestätigt werden. Aber eben eine solche Bestätigung, vielleicht auch eine weitere Ausführung dessen, was die Psychologie lehrt, sind wir von dieser Seite zu erwarten berechtigt. Denn „die Sprache, das selbstgewebte Kleid der Vorstellung, in welchem jeder Faden wieder eine Vorstellung ist, kann uns, richtig betrachtet, offenbaren, welche Vorstellungen die Grundfäden bildeten" (Trendelenburg).

Für das Hebräische haben sich uns in Uebereinstimmung mit den übrigen semitischen Dialekten zwei Hauptreihen von Zeitbenennungen dargestellt. In der einen fanden wir die Zeit als Phänomen aufgefasst, wie es den Sinnen entgegentritt. Die Brücke von der sinnlichen Vorstellungswelt zur unsinnlichen Zeit bildete dabei durchgängig[1]) die **Bewegung**. Die Zeit wurde zwar nicht mit der Bewegung identificirt, überhaupt nicht als blosses Accidens aufgefasst, sondern als eine Substanz, von welcher die Bewegung sich aussagen lässt. Aber gerade der auffallende Umstand, dass in den semit. Sprachen meistens nicht die Bewegung als solche, sondern als eine **so oder anders charakterisirte** in den Bezeichnungen der Zeit hervortritt, zeigt, wie die Zeit **in engster Verflechtung mit den in ihr sich entwickelnden Vorgängen** gefasst wurde. Denn wenn nicht die Bewegung überhaupt, so kommen doch jedenfalls jene mannigfachen Bewegungsarten im Grunde den Dingen, welche den Inhalt der Zeit ausmachen, nicht ihr selber zu. Erst der Zeitinhalt machte die Zeit wahrnehmbar, und gab den Zeitvorstellungen Fleisch und Blut. Soweit die Zeiten sich von einander durch ihren Inhalt unterschieden, wurden sie aufgefasst; daraus musste sich nach und nach die Vorstellung einer ununterbrochenen Zeitfolge bilden, aber diese als ganz gleichmässige findet sich in jenen Wörtern noch nicht ausgedrückt[2]) aus dem einfachen Grunde, weil sie durch blosse Sinnwahrnehmung nicht erzeugt werden kann[3]), sondern erst mit Hülfe der Abstraktion zu Stande kommt.

Neben dieser Reihe gibt es eine gerade im Hebräischen stark vertretene Gattung von Zeitbenennungen, welche man im Unter-

---

[1]) Auch die Wörter, welche wie חֶלֶד von der Vorstellung der Ruhe ausgehen, machen davon keine wirkliche Ausnahme; die Ruhe ist eben Reaktion gegen die Bewegung. Noch mehr berühren sich mit der letztern Vorstellung Benennungen, welche die (räumliche) Ausdehnung auf die Zeit übertragen, wie مُدَّة u. a.

[2]) Selbst in einem Wort wie دهر, welches ganz allgemeine Bedeutung angenommen hat, ist doch die sinnliche Grundlage der Vorstellung (die Kreisbewegung) aus einer bestimmten sinnlichen Erscheinung erborgt. Es haftet also daran mehr Besonderheit, als dem Zeitbegriff zukommt.

[3]) Leibnitz, a. a. O. p. 241: *Nos perceptions n'ont jamais une suite assez constante et régulière pour répondre à celle du temps qui est un continu uniforme et simple comme une ligne droite.*

schiede von den phänomenellen die determinirenden nennen könnte. Während bei den erstern der Blick rein rezeptiv die Eindrücke auffasst, welche die Zeitbewegung auf den Beobachter macht, wird diese bei den letztern von ihm gemessen, geregelt oder als geregelt und gemessen erkannt. Diese zweite Art, deren Charakterzug die Determinirtheit ist, erwächst mit der selben Nothwendigkeit aus den menschlichen Bedürfnissen wie die erste aus den menschlichen Erfahrungen. Der Mensch muss sich orientiren in der Zeit, um sie auffassen zu können; erst wenn er sie abmessen kann, wird sie für ihn vorstellig; nur wenn sie bestimmt ist, hat sie für ihn Interesse und ist überhaupt für ihn da. Dies spricht sich aus in der bedeutsamen Erscheinung, dass die Zeit gerade nach der Bestimmtheit, welche sie an sich tragen muss, benannt wird. Beide Reihen stehen sich übrigens nicht so fern, wie es scheinen könnte[1]. Kann man doch bei einigen Wörtern (wie עת) sogar im Zweifel sein, in welche von beiden man sie zu setzen habe. Die sinnlich unterschiedene Zeit fällt leicht zusammen mit der geistig als bestimmt erkannten. Eben das ist beiden Reihen gemeinsam, dass sie die Zeit nicht als reines Continuum kennzeichnen, als allgemeines Wesen oder gar als abstrakte Form, sondern als etwas möglichst Individuelles und Concretes[2]. Was die erste Reihe empirisch aufnimmt, ist nothwendig eine eigenthümlich besonderte Zeit; was die zweite Reihe als bestimmt setzt oder erkennt, ist *eo ipso* ebenfalls nicht allgemeiner Art. Es ist überall nicht die Zeit, sondern eine Zeit, welche vom Geiste zuerst ergriffen, mit der Sprache zuerst benannt wird[3].

---

[1] Ueber den innern Zusammenhang der Messbarkeit der Zeit mit ihrem Verhältniss zur Bewegung s. Trendelenburg a. a. O. I, 225.

[2] Damit stimmt die psychologische Wahrnehmung überein, dass der Mensch früher einen deutlich abgegrenzten Zeitraum als den Zeitlauf im Allgemeinen sich vorstellen kann.

[3] Nicht zufällig ist auch, dass die in der Verbalbildung anderer Sprachen so deutlich ausgeprägte Unterscheidung von Vergangenheit, Gegenwart und Zukunft in den semitischen Mundarten sehr zurücktritt.

Haben wir aber im Hebräischen nicht einmal ein Wort, welches die Zeit als ganz allgemeine Vorstellung ausdrückt, so natürlich noch weniger eines, welches in rein intellektueller Auffassung sie nach ihrem eigentlichen Wesen benennt. Die begriffliche Darlegung einer Sache zu geben ist ja überhaupt nicht Aufgabe der Sprache, sondern dies leistet die wissenschaftliche Definition (s. Lazarus, Leben der Seele II, 187 f). Am wenigsten lässt sich bei dem schwierigen Begriffe der Zeit erwarten, dass die Sprache in sein innerstes Wesen eindringe. Die mythologische Gestaltung der Zeitvorstellung werden wir bei der unbegränzten Zeit, zu welcher wir nun übergehen, berühren, da sie dort hauptsächlich in Frage kommt.

Die hinterher nach fremdem Vorgang gemünzten Schul-Termini: עָבַר (= مُسْتَقْبَل) עָתִיד (= حَاضِر), הֹוֶה (= مَاضٍ), decken sich nicht mit den bei der Sprachbildung zu Grunde liegenden Zeitvorstellungen, die in Perfectum und Imperfectum sich darstellen (s. Fleischer, Sitzungsberichte 1869 S. 273). Den Standpunkt des Subjekts zum Grund einer solchen allgemeinen Eintheilung der Zeit zu machen, lag dem semitischen Sprachbewusstsein fern. Wenn gleich der alte Sprachgebrauch „vergangene" oder „kommende" Tage kennt, so hat er doch einen allgemeinen Namen für die Vergangenheit oder Zukunft so wenig als für die Zeit an sich.

II. DIE EWIGKEIT.

Summa vero vis infinitatis et magna ac diligenti contemplatione dignissima est.

Cicero.

Die Sprache erhebt sich wie vom Sinnlichen zum Geistigen, so vom Endlichen zum Unendlichen[1]). Man mag über den Ursprung der Idee des Unendlichen denken wie man will, sie als etwas Angeborenes oder als etwas aus dem Endlichen und Sinnlichen Abstrahirtes betrachten, — die Sprache jedenfalls stützt sich, um sie darzustellen, auf das Endliche, und vermag sie nur in soweit zum Ausdruck zu bringen, als es auf Grundlage des Endlichen möglich ist. Die einfachste und wirksamste Art, wie sie es versucht, eine Bezeichnung des Unendlichen im Gegensatz zum Endlichen zu schaffen, ist die Verneinung der Endlichkeit oder die *via negationis*, wie die Dogmatiker dieses Verfahren nennen. In der Wortbildung, welche für uns allein in Betracht kommt, ist dasselbe für die arischen Sprachen sehr leicht auszudrücken durch Vorsetzung negativer Silben wie in dem sanscr. *an-anti*, griech. ἄ-πειρος, latein. *in-finitus*, un-endlich u. s. w. Aber so vielfachen Gebrauch diese Sprachenfamilie von der besagten Wortgestaltung macht, so ungewöhnlich ist sie den Semiten, bei welchen nur vereinzelte Ansätze dazu sich finden. Zusammensetzungen wie

---

[1]) Eine uns leider nicht zugängliche Abhandlung des Grafen Géza v. Kuun über diesen Gegenstand enthalten die Sprachwissenschaftl. Mittheilungen der ungar. Akad. der Wissenschaften, Bd. IV (1865) S. 175 bis 269. Sie führt die Ueberschrift: *Hogyan fejeztetik ki az örükkévalóság a sémi nyelvekben* d. h. Wie wird die Ewigkeit in den semitischen Sprachen ausgedrückt?

לֹא־עָם Deut. 32, 21 oder לֹא־אֱדוֹן Spottgeld Ps. 44, 13 u. ähnl.¹) sind absichtlich in ungewöhnlicher Weise gebildet, da sie als Schlagwörter auffällig sein sollen, und das uns näher angehende אֵין־קֵץ in Stellen wie Jes. 9, 6 ist zwar sachlich entsprechend, aber es bleibt immer ein Umstandssatz, so dass man dabei nicht zu einem substantivischen Begriff des Unendlichen kommt. Ein solcher findet sich allenfalls in der Terminologie der Kabbala, wo אֵין סוֹף, das Endlose, oder geradezu אֵין, welches weniger mit „dem absolut Negativen Hegels"²) als mit der schlechthin undeterminirten absoluten Substanz Spinoza's zu vergleichen sein dürfte, der erste Gottesname ist, welcher Gott als Urwesen, abgesehen von seiner Offenbarung, bezeichnet.

Ein merkwürdiges, freilich verstümmeltes Beispiel solcher negativen Wortbildung zum Ausdruck des temporal Unendlichen würde uns das arab. يَزَلْ liefern, nach den arab. Lexicographen die aus لَمْ يَزَلْ von زَالَ fut. يَزَالُ aufhören, abzuleitende Grundform zu أَزَلٌ, أَزَلِيٌّ³). Aber diese Grundform ist rein imaginär, und diese Wörter, stets auf die unendliche vergangene Zeit gehend, weisen vielmehr auf ein أَزَلَ = abiit, welches dem chald.-syr. אֲזַל entspricht und mit زَالَ, f. u. nahe verwandt ist. Die Bed. aeternitas a parte ante hätte sich dann daraus ganz ähnlich entwickelt wie aus أَبَدٌ die Bezeichnung der aeternitas a parte post.

Auf diese Art, die unendliche Zeit durch Negation der Zeitschranken auszudrücken, haben wir im Interesse des Hebräischen nicht näher einzugehen. Dass der Mensch leicht dazu kommen kann, aus dem Sinnlichen, das er nicht zu bewältigen vermag, auf ein Unbegränztes zu schliessen, hat besonders Locke hervor-

---

¹) Vgl. auch das in seiner Art einzige poetische בְּלִי־מָה (Iob 26, 7) aus מָה — בְּלִי, worüber Böttcher § 899, 2 ε.

²) So Jellinek zu Franck's Kabbala S. 79.

³) Arabische Schriften über den Begriff von أَزَل erwähnt Hâdschî Chalfa in seinem bibliograph. Lexicon (Flügel'sche Ausg.) V, 39.

gehoben¹). Der Schiffer z. B. kann sich das Meer ohne Grund denken, nachdem er diesen mit dem Senkblei nicht erreicht hat. Dieses Hinwegdenken der Schranken bildet sich ab in jener negativen Ausdrucksweise. Hinwieder hat Cartesius mit Recht betont, dass durch blosse Negation der Begriff des Unendlichen aus dem Endlichen sich nicht gewinnen lasse²), woraus folgt, dass jene Art des Ausdrucks nur einen Zug aus dem zur Gewinnung des Unendlichen einzuschlagenden Verfahren oder nur ein Merkmal des Unendlichen angibt. Philosophisch angesehen ist übrigens immer noch ein Unterschied zwischen unendlicher Zeit und Ewigkeit. Dieser letztere Terminus nämlich implicirt die Ueberzeitlichkeit, das über der Zeit Stehen, was der erstere nicht fordert.

Wenn gleich nicht durch Zusammensetzung mit einer negativen Partikel, so doch ebenfalls gewissermaassen *viâ negationis* wird der Begriff der Ewigkeit in dem dafür gewöhnlichsten hebr. Wort עוֹלָם ausgedrückt. עֹלָם nämlich oder עֱלָם, ein Mal seltsamer Weise עֵילוֹם (2 Chr. 33, 7), ist nach der verbreitetsten und wahrscheinlichsten Erklärung von עלם in der Bed. verhüllen, verbergen³) abzuleiten, wie sie im Niph., Hiph. u. s. w. sich häufig findet; es ist also gebildet nach der Form הֶחָתוֹם von התם, אוֹצָר von אצר, und bed. demnach eigentlich das Verhüllte, Bedeckte⁴),

---

¹) S. Chalybäus, Specul. Philos. von Kant bis Hegel, S. 11.

²) S. Ueberweg, Geschichte der Philosophie III S. 52 (Aufl. 2).

³) Schultens (*Orig. Hebr.* p. 384 ss.) möchte das Wort in Verbindung mit عَلِمَ, عَلَمَ sich entwickeln lassen, so zwar dass die Bed. *signavit* zu Grunde läge, und aus ihr die andere *abscondit* erwüchse. *Usitatissima est metaphora illa in abscondendo sita; quae enim condimus ea fere signamus vel sigillo impresso claudimus.* Aber so glatt dieser Uebergang im Lateinischen scheint, wo *signare* ebensowohl bezeichnen als versiegeln bedeutet, so wenig plausibel ist er hier. عَلَم ist das Kennzeichen oder hervorstechende Zeichen, aber nicht das bergende Siegel.

⁴) Anders Ewald (§ 77a Anm. 2): עולם bedeutet wahrscheinlich eig. zeit (tag), wie Aethiop. ዐለት W. עיל = עול arab. جيل. (?)

von der Zeit verstanden daher die menschlichem Blicke entrückte, um ihrer weiten Entfernung willen nicht mehr wahrnehmbare Zeit. Aehnlich reden ja auch wir von „grauer Vorzeit" oder vom „Dunkel fernster Zukunft." Es liegt in der Natur dieser bildlichen Ausdrucksweise, dass sie ebensowohl auf entlegenste Vergangenheit, welche unser Blick nicht mehr zu fixiren vermag, als auf weiteste Zukunft, welche noch gar nicht in unser Gesichtsfeld eingetreten, anwendbar ist, wie denn עולם beides bedeuten kann. עוֹלָם heisst somit eigentlich nicht die Zeitdauer, in welcher wir stehen, und welche sich in's Unendliche verlängert (wie خالد u. a.): eine solche Zeit wäre ja gegenwärtig, also nicht verdeckt sondern offenbar; nur ihre Gränzen wären verborgen. Vielmehr bezeichnet das Wort einen Begriff, welcher da anhebt, wo der Bereich unsers Wahrnehmungsvermögens aufhört. Was unter diesem Begriffe steht, liegt uns so fern als möglich; denn es befindet sich ausserhalb unsers Horizontes. Was nach seiner Dauer in unsern Gesichtskreis, vielleicht in unsere Gegenwart hineinreicht, aber mit jenem Begriff in Verbindung steht, entzieht sich zum mindesten nach Einer Richtung unserm Auge, d. h. es nimmt, so weit wir sehen, keinen Anfang oder kein Ende. Die endlose Dauer wird demnach hier dargestellt mittelst der Zeitbewegung, die von der äussersten Gränze ausgeht (מֵעוֹלָם) oder bis zu ihr hinreicht (לְעוֹלָם, עַד־עוֹלָם).

Eine Zeit, deren Gränzen verborgen sind, kann also mittelst des עולם ausgedrückt werden. Nun fordert zwar der Wortlaut dabei offenbar nicht eine schlechthinige Anfangs- oder Endlosigkeit wie bei den oben besprochenen Wörtern ἄπειρος, infinitus u. s. w.; nicht durchaus, sondern gewissermaassen nur erkenntnisstheoretisch werden hier die Gränzen negirt, und es liegt gewiss darin ein Wink, dass der Mensch von der Wahrnehmung oder Erfahrung aus zu der Vorstellung des Unbegränzten gelange, und diese eben deshalb zunächst eine bloss relative sei. Indessen würde man irren, wenn man annähme, dass diese unwillkürliche Vorsicht der Sprache den Hebräern bewusst gewesen sei, und dass sie in dem Begriffe von

עולם irgend etwas Subjektives oder Relatives gesehen hätten. Vielmehr ist es gerade der unmittelbarsten, naivsten Anschauungsweise eigen, dass sie das Wahrgenommene mit dem Wirklichen identificirt und das was sie nicht wahrnehmen kann ignorirt. Daraus ergibt sich, wie wir uns zu der oft erörterten Frage zu stellen haben, welcher Werth dem vorliegenden Ausdrucke beizumessen sei: wir können es nicht billigen, wenn oft gesagt wird, עולם bedeute für's erste Ewigkeit, für's zweite überhaupt eine längere Zeitdauer. Wenn dies auch sachlich von unserm Standpunkte aus richtig sein kann, so erweckt es die irrige Vorstellung, als hätten die Hebräer mit Wissen und Willen zwei verschiedene Dinge mit Einem Worte bezeichnet, so dass beide Bedeutungen gleich berechtigt wären. Vielmehr ist עולם nie „eine längere oder sehr lange Zeitdauer," sondern es drückt, wie wir gesehen haben, stets aus, dass das Ende (beziehungsweise der Anfang) einer Zeit dem Menschen entgeht, dass er nichts davon weiss oder wissen will; wir werden dies in Hinsicht auf den Sprachgebrauch nachweisen. Beachtenswerth ist, was Hengstenberg in seiner (in der 1. Aufl. der Christologie des A. B. II, 427—434 gegebenen, Aufl. 2 weggelassenen) Erörterung des Begriffes von עולם gegen dessen Verkennung geltend gemacht hat, wenn auch einzelnes daselbst Aufgestellte nicht haltbar und im Allgemeinen dem עולם unser Begriff von „Ewigkeit" untergeschoben ist, mit welchem es sich weder nach seinem Etymon noch nach seinem Gebrauch vollkommen deckt.

Auch nicht so können wir die Sache ansehen, als sei mit עולם ursprünglich nur eine „sehr lange, bis in verborgene Fernen dauernde Zeit" bezeichnet worden, welche unbestimmte Bedeutung dann im Laufe der Zeit in die absolute der Ewigkeit übergegangen wäre. So finden wir den Hergang dargestellt von A. Kahle[1]), welcher neuerdings diesem Worte besondere Aufmerksamkeit geschenkt und es durch alle Bücher der Bibel verfolgt hat, wobei er sich allerdings mehr von dem dogmatischen Gehalt als von der

---

[1]) Biblische Eschatologie, Erster Theil: A. T. 1870.

72 Angebliche Relativität des עולם.

historischen Bedeutung desselben bestimmen liess. Es heisst da S. 7: „Wo im Pentateuch von Ewigkeit (עולם) die Rede ist, wird nicht an die Negation jeder zeitlichen Schranke gedacht." Dies ist richtig, wenn eine philosophische Aufhebung der Zeitschranken damit in Abrede gestellt werden soll; eine solche findet sich aber nirgends in den bibl. Büchern; erst die Alexandriner haben durch Beiziehung hellenisch-platonischer Elemente den metaphysischen Begriff der Ewigkeit mit den hebräischen Religionsideen verschmolzen. Der Grund jedoch, warum die alten Hebräer nicht in diesem Sinne „jede zeitliche Schranke" aufhoben, lag darin, dass die Zeit als solche ihnen überhaupt nicht als Schranke erschien. Jede Schranke innerhalb der Zeit dagegen schliesst עולם im Pentateuch so gut wie in den spätern Büchern aus, und es beruht auf einem Vorurtheil, wenn man, wie oft geschehen ist, die Fähigkeit, die Vorstellung einer gränzenlosen Zeit zu bilden, dem hebräischen Alterthum abspricht[1]).

Wenn es nun in derselben Schrift S. 11 heisst: „Dass aber der Begriff unbestimmter und unabsehbarer Ferne sich mit dem der Ewigkeit nahe berührt, und leicht hat darein übergehen können, zeigt die später konstant gewordene Bedeutung von עולם. Der Uebergang dazu in Betreff der Vergangenheit dürfte aus dem Pentat. noch nicht nachzuweisen sein; denn Deut. 33, 15 stehen die ewigen Höhen parallel zu den zwar uralten aber doch nicht von Ewigkeit her bestehenden Bergen" — so ist für's erste gar nicht abzusehen, wann für עולם die Bedeutung „Ewigkeit" konstant geworden sein soll, da der Verf. selbst bis auf Maleachi u. Koheleth hinunter neben derselben die andere, uneigentliche, unbestimmte nachweist. Sodann ist jener „Uebergang" von der unbestimmten zur absoluten Bedeutung eine willkürliche Annahme. Dass im Laufe der Zeit der geistige Horizont der Israeliten und

---

[1]) Eine solche Vorstellung liegt dem Menschen, wie schon oben angedeutet worden, gar nicht so fern. Siehe darüber schon Lessing, Werke (in der Lachmann'schen Ausg.) IX S. 168 f.

Immergleicher Begriff des עולם.

somit auch das, was עולם genannt werden konnte, sich veränderte, ist bei einem Volke, welches so verschiedene Epochen der Offenbarung und Geschichte erlebte, selbstverständlich. Aber wenn der Horizont sich erweitert, bleibt doch der Begriff des Horizonts derselbe; und so konnte das, was für die Israeliten עולם war, sich verschieben, aber der Begriff von עולם selber war einer Erweiterung gar nicht fähig, und von einer bewussten metaphysischen Vertiefung desselben kann hier nicht die Rede sein. Soll aber mit Obigem gesagt sein, dass auf einem spätern Standpunkte (etwa dem jesajanischen) Solches den israelitischen oder prophetischen Gesichtskreis begränzte, was nach seinem Wesen nicht der geschichtlichen Entwicklung angehört, sondern, über diesem zeitlichen Prozess erhaben, für alle Zeiten den wahren Horizont bildet und welchem daher das Attribut עולם mit dem vollsten Rechte zukam: so ist dies eine theologische Ansicht, welche zwar nicht auf den sprachlichen Ausdruck sich berufen, aber möglicherweise auf sachliche Gründe sich stützen kann, die uns hier ferne liegen. Immerhin sei uns gestattet zu fragen, wie (ebenda S. 114) אֲבִי־עַד (Jes. 9, 5) „beweisend" genannt werden kann dafür, dass bei Jesaja „die absolute Ewigkeit gepredigt wird und nicht bloss eine unbestimmte Zeitdauer," während das אֵל עוֹלָם Gen. 21, 33 zum selben Schlusse in Hinsicht auf den Pentat. nicht berechtigen soll; wie umgekehrt aus den beiden (überdies poetischen) Stellen Gen. 49, 26. Deut. 33, 15, wo die Berge ewig genannt werden, sich folgern lässt, dass der Pentat. den absoluten Begriff von Ewigkeit noch nicht mit dem Worte עולם verbinde, während unbeschadet desselben in spätern Büchern das Wort oft genug „hyperbolisch" oder „abgeschwächt" gebraucht werden soll.

Beachten wir den sprachlichen Gebrauch von עולם, so zeigt sich im Allgemeinen, dass dem Worte von den ältesten Zeiten biblisch-hebräischen Schriftthums bis zu dessen Ende seine Bedeutung: unabsehbare, endlose Zeit geblieben ist, dass diese jedoch in gewisser Weise eher eine Schwächung erfahren hat, bis endlich in nachbiblischer Zeit der Begriff der Unbegrenztheit ihm theilweise ganz abhanden gekommen ist. Im Pentateuch gerade steht es in seiner vollen Kraft; je naiver der Standpunkt da ist, desto entschiedener wird für gewisse Dinge das Aufhören in der Zeit verneint. Weitaus in den meisten Fällen steht es hier und in den spätern Büchern in Verbindung mit dem göttlichen Wesen, welches schon dem kindlichen Sinn als ein unendliches erscheint (Gen. 3, 22), oder mit göttlichen Worten. Die göttliche Verheissung und Verfügung wird kundgemacht als ewige, welche keine Zeit umstossen wird (בְּרִית עוֹלָם), die göttliche Satzung proklamirt als ewige (חָקַּת עוֹלָם), von welcher keine Zeit entbinden soll. Wir sind sprachlich nicht berechtigt es anzunehmen, können es uns aber auch sachlich nicht denken, dass einem Noah oder Abraham die göttlichen Verheissungen weniger über dem Wechsel der Zeit erhaben erscheinen sollten als den spätern Propheten. Ebenso gehört es zu dem ganzen absoluten Charakter der göttlichen Gesetzgebung, dass sie den Gedanken an Abänderung durch die Zeit ausschliesst¹).

Gegen unsere Ansicht, dass im ältern Sprachgebrauch mit עולם immer eine möglichst weit sich erstreckende Aufhebung zeitlicher Begränzung gemeint sei, macht man aber nicht bloss jene schon erwähnten poetischen Stellen, welche in der spätern Literatur unzählige Parallelen haben, geltend. Dieselben erledigen sich leicht durch die Erwägung, dass ja die Poesie eine mehr oder weniger

---

¹) Inwiefern in solchen von der Zeit unabhängig erklärten Verheissungen und Geboten dennoch eine Modificirung in der Zeit möglich war, ist hier nicht der Ort zu untersuchen. Man hat sich aber dabei jedenfalls nicht sowohl auf den etymologischen Charakter des Wortes עולם zu stützen als vielmehr darauf, dass das Absolute in der Geschichte der Offenbarung sich der individuellen subjektiven Fassung accommodirt, dass aber die jeweilige subjektive Vorstellung vom Absoluten eben um ihrer Subjektivität willen nothwendig immer etwas Relatives hat. Ueber die Disputationen jüdischer Scholastiker, die Ewigkeit der Thora (נציחות התורה; تابيد الشريعة) betreffend, s. Schmiedl, Studien über jüdische, insbes. jüdisch-arabische Philosophie, S. 195 ff.

Der Begriff עולם in verschiedenen Lebensgebieten. 75

absichtliche optische Täuschung liebt und sich kein Bedenken daraus machen kann, von ewigen Hügeln zu reden, auch wenn ihre zeitliche Entstehung aus der mosaischen Schöpfungsgeschichte feststeht. Durch derartigen hyperbolischen Gebrauch des Ausdrucks wird nicht der Begriff der Ewigkeit eingeschränkt oder abgeschwächt, sondern die damit prädicirte Sache soll wenn auch nur fingirter Weise auf die Höhe des Begriffs emporgehoben werden. Es finden sich aber auch schlichte prosaische Stellen, wo die mit עולם ausgedrückte Zeit bei weitem nicht an die Gränzen hinanreicht, welche dem Hebräer seine religiösen Anschauungen steckten. Da hat man nun zumeist übersehen, dass der Charakter von עולם nicht nothwendig ein religiöser ist, während vom deutschen „Ewigkeit" nach dem Sprachgebrauch das religiöse Moment sich schwer trennen lässt[1]). In der geschichtlich-politischen wie in der juridischen Sphäre oder im täglichen Leben wird עולם ebenso zur Negirung des Aufhörens einer Zeit angewendet wie in Sachen des Glaubens. Diese Negirung ist aber an sich dort ebenso absolut wie hier, nur sind jene Sphären als solche beschränkt.

Wenn also vom Standpunkte einfach historischer Erinnerung aus ein Thatbestand als בְּעוֹלָם dauernd bezeichnet wird, so ist dies weder eine Profanation des Wortes (wie es im Deutschen bei „von Ewigkeit her" wäre), noch nothwendig eine Uebertreibung; es heisst an sich nur „seit unvordenklicher Zeit", von jeher, womit gesagt sein soll, dass ein früherer Zustand gar nicht erinnerlich sei. Ganz besonders wird es angewendet, wo einem Volke ein Wohnsitz [2]) zugesprochen wird, den es seit Menschengedenken inne

---

[1]) Dem Worte עולם entspricht nicht bloss das latein. *aeternus*, sondern auch *sempiternus*. Vgl. das zur Unterscheidung des Grundbegriffes beider von Döderlein (Latein. Synon. I, 2 f.) Gesagte. Wie aber auch *aeternus* unter Umständen sehr relative Geltung haben kann, zeigt schlagend die Stelle bei Plinius, *Hist. Nat.* XVI, 213 *Maxime aeternam putant hebenum* etc.

[2]) Vgl. z. B. Jos. 24, 2; 1 Sam. 27, 8 und auch Zeile 10 der neu entdeckten Siegessäule des Königs Mescha.

gehabt habe, so dass es gewissermaassen das Urrecht darauf besitze. Ebenso heisst גְּבוּל עוֹלָם[1]) die von jeher geltende Gränzmarke, welche zu verrücken ein doppelter Frevel wäre, weil sie durch die Urzeit geheiligt ist. עוֹלָם ist in solchem Zusammenhang noch bedeutend stärker als קֶדֶם, welches geographisch den Osten, geschichtlich aber mit der schon erwähnten Uebertragung des räumlichen auf's zeitliche Vornesein die „Vorzeit" bezeichnet. Immerhin hat auch dieses Wort in der zeitlichen Bedeutung etwas poetisch Feierliches[2]); in verwandten Dialekten (dem Arab. Aethiop. Aram.) ist es der Uranfang; und sogar die Bed. „Ewigkeit" hat es angenommen, wozu Ansätze schon im Hebräischen sich finden, wo es öfters mit עוֹלָם parallel steht. קדמות העולם heisst in der rabbin. Sprache die Welt - Ewigkeit im Gegensatz zum Weltanfang: חִדוּשׁ הָעוֹלָם[3]). Ebenso ist das arab. قَدِيمٌ ein erlesenes Wort für ewig, welches gern von Gott gebraucht wird.

Das Wort aber, welches eigentlich den Uebergang in die vorgeschichtliche Urzeit ausdrückt, ist eben unser עוֹלָם. So z. B. Gen. 6, 4 wird אֲשֶׁר מֵעוֹלָם אַנְשֵׁי הַשֵּׁם von den Riesen gesagt, welche die Heroen des vorgeschichtlichen Mythus gewesen sind. Bei dem besondern Nimbus übrigens, den gerade für den Semiten das Uralte hat[4]), ist es begreiflich, dass der Zusammenhang mit der Ur-

---

[1]) Prov. 22, 28. 23, 10. Die Rabbinen lesen hier עוֹלִים: die Gränze der Heraufgekommenen = Israeliten oder: der Heruntergekommenen = Armen; s. S. A. Wolf, Mischnah-Lese S. 20.

[2]) Ebenso das latein. *priscus*, welches ihm etymologisch genau entspricht (aus *prae*, welches auch zeitlich gewendet wird, wie *praedicere* u. s. w. beweisen), und nicht bedeutet: was schon seit langem ist, sondern: was vor langem war und nicht mehr ist. „Es ist ein seltenes feierliches Wort, bei welchem man nicht bloss wie bei *antiquus* (v. *ante*, wovon auch das locale *anticus*) an die mathematisch zu messende Vergangenheit, sondern an die qualitativ verschiedene Vorzeit oder gar an die heilige Urzeit zu denken aufgefordert wird." Döderlein a. a. O. IV, S. 88.

[3]) S. Schmiedl a. a. O. S. 91.

[4]) Vgl. Hitzig, Geschichte Israels I. 1869, Vorwort S. 1 f.

Die unendliche Zeit im täglichen Verkehr. 77

zeit von einem Volke oder Reiche gern in Anspruch genommen wurde, wie wir es Jer. 5, 15 und in den phönizischen Inschriften sehen (Gesenius, *Monum. Phoen.* p. 197 ss.), wo z. B. לְמִבַת (= מַלְכֻת) עֹלָם *regnum aeternum* als Epitheton Numidiens steht. Hyperbeln sind hier so nahe gelegt, dass sie keiner Erklärung bedürfen; auch sind sie um so eher zu entschuldigen, als der geschichtliche Horizont eines Volkes etwas sehr Relatives[1]) ist, ohne dass dies von naivem Standpunkte aus in Anschlag gebracht würde. Das historische Zeitbewusstsein ist immer ein begränztes[2]).

Noch viel enger ist natürlich der Gesichtskreis im **gewöhnlichen und rechtlichen Lebensverkehr**[3]). Zum Theil aus Nichtbeachtung dessen hat man Anstoss genommen an einigen pentat. Stellen wie Ex. 21, 6. Deut. 15, 17, wo die gesetzliche Bestimmung getroffen wird, dass ein hebräischer Sklave, welcher es vorzieht vom siebenten oder Sabbat-Jahr keinen Gebrauch zur Erlangung seiner Freiheit zu machen, seinem Herrn dienen soll לְעוֹלָם; man übersetze „auf immer", nicht „auf ewig"; denn die Einmengung eines religiösen oder metaphysischen Begriffs wäre hier eine Abschweifung in ein anderes Gebiet, nicht bloss eine Steigerung; einer solchen ist der Ausdruck „auf immer" in Sachen des menschlichen Verkehrs nicht fähig. Der Sinn in diesen Stellen ist einfach der, dass das Gesetz in jenem Falle dem Dienste keinerlei zeitliche Schranken setzen will. Mit diesem לְעוֹלָם (vgl. Lev. 25, 46) ist daher allerdings unvereinbar die (auch sachlich nicht nothwendige) Annahme des Josephus und der Rabbinen[4]),

---

[1]) Vgl. Jes. 58, 12. 61, 4 חָרְבוֹת עוֹלָם, die Trümmer der Urzeit d. h. die seit Menschengedenken solche waren.

[2]) S. auch Buttmann, Mythologus, S. 30: „Bei allen Nationen ist die Urwelt ein in der Vorstellung ganz gleicher Begriff mit der Urzeit des eigenen Volkes oder Landes."

[3]) Bei der „Enge des menschlichen Geistes" (Herbart) ist das individuelle Zeitbewusstsein ein durch die jeweilige ihm gegenwärtige Vorstellungsreihe bedingtes und beschränktes.

[4]) S. z. B. zu Ex. 21, 6: וַעֲבָדוֹ לְעֹלָם Raschi: עד היובל או אינו אלא לעולם כמשמעו ה"ל ואיש על משפחתו תשובו מגיד שחמשים שנה קרויים עולם

dass im 50sten oder Jobeljahr der Dienst ein Ende nehmen müsse. Denn nicht bloss das Maximum der Zeitdauer bezeichnet עולם, so dass man mit Pappenheim sagen könnte, die Dauer bis zum Jobeljahr (50 Jahre) sei für den Hebräer das grösste Zeitmaass, und könne daher עולם heissen, sondern eben eine Zeit, deren Ende überhaupt nicht abzusehen. Dieser Umstand, dass לעולם oder עד עולם sich mit einem von vornherein in Aussicht genommenen Ende nicht vertragen kann¹), macht es auch unmöglich, Deut. 23, 4, wo von den Ammonitern und Moabitern gesagt ist: גם דור עשירי לא יבא להם בקהל ה' עד־עולם, „das zehnte Geschlecht" als Beschränkung von עד עולם zu nehmen²), was überdies Wortlaut und Wortstellung verwehren. Vielmehr „wird durch den Zusatz: ‚auch ein zehntes Geschlecht nicht' jede Möglichkeit der Aufnahme abgeschnitten, denn Zehn ist die Zahl des vollständigen Abschlusses" (Keil z. d. St.). Vgl. Neh. 13, 1, wo das zehnte Geschlecht nicht besonders hervorgehoben wird, sondern einfach לעולם steht. Als Beispiel, wie עולם auch der Sprache des gewöhnlichen Lebens angehört, sei noch die Stelle 1 Sam. 1, 22 angeführt, wo Hanna zu ihrem Manne sagt, sie wolle den Knaben Samuel nach seiner Entwöhnung nach Silo bringen, damit er sich vor dem Herrn darstelle und daselbst bleibe עַד־עוֹלָם „auf immerdar." Statt für einige Tage wie die Andern vor dem Herrn zu erscheinen, soll er nach ihrem Gelübde für immer dort bleiben. Dieses Beispiel zeigt übrigens auch, wie das, was für den Einzelnen in einem Augenblicke unbedingt als endlos gilt, wenigstens für sein Denken und Thun, sein Wissen und Wollen, es nicht nothwendig auch für Andere ist oder für ihn selber bleibt. Sie musste Samuel für

---

[1] Wesentlich anders als bei diesen gesetzlichen Bestimmungen ist der Sachverhalt in der Stelle Jes. 32, 14 f., welche man uns entgegenhalten könnte (womit eher zu vergleichen die Psalmstellen mit לנצח 13, 1 u. s. w. von welchen wir unten reden werden): das verödete Land soll den Eindruck einer ewigen Wüste machen, bis ein ganz neuer himmlischer Lebensgeist es diesem trostlosen Zustand enthebt.

[2] So Kahle a. a. O. S. 8.

Der Begriff עולם in verschiedenen Literaturgebieten. 79

immer da lassen; doch verstiess es gewiss nicht gegen ihr Gelübde, dass er durch das Dazwischenkommen besonderer Gründe sich veranlasst sah nicht gerade sein ganzes Leben in Silo zuzubringen[1]). Auch in der Umgangssprache fehlt ferner die Hyperbel nicht, namentlich nicht in der Hofsprache; so 1 Reg. 1, 31 יְחִי אֲדֹנִי הַמֶּלֶךְ לְעֹלָם und oft in Büchern, deren Verfasser mit den Gebräuchen des persischen Hofes bekannt waren, wo man sich dieser Höflichkeitsformel bediente (Aelian. Histor. Variar. I, 31). Daraus zu schliessen, dass עולם nur „eine lange Zeit" bedeute, wäre natürlich ebenso schief, wie wenn man überhaupt die diplomatische Sprache zur Ermittelung des Wortsinns benützen und z. B. daraus, dass Erlasse und Verträge stets „auf ewige Zeiten" gelten sollten, schliessen wollte, dass dem deutschen „ewig" auch die Bedeutung einer langen (unter Umständen auch recht kurzen) Zeit zukam.

Das von עולם Gesagte gilt im Wesentlichen für die ganze biblisch - hebräische Literatur. Der Prophet natürlich hat den höchsten Standpunkt und in Folge dessen die weiteste Perspektive. Es ist Sache der bibl. Theologie zu untersuchen, wie weit sein Blick die Zeiten verfolgte. Der Dichter ferner hat den beweglichsten Standort und daher den reichsten Gesichtskreis. Nicht bloss Hyperbeln kommen bei ihm in Betracht, welche in ernster Literatur doch nur in beschränktem Maasse zulässig sind, sondern auch die ganze Subjektivität der Gefühlswelt, welche des Lyrikers

---

[1]) Bedarschi (S. 201) meint freilich, Samuel habe ja nach Num. 8, 25 nur 50 Jahre zu Silo bleiben müssen, und damit stimme genau das לעולם, welches nach Ex. 21, 6 die selbe Zahl von Jahren ausdrücken könne. Allein dass עולם eine bestimmte Dauer, זמן קצוב, wie er es geradezu nennt, von 50 J. repräsentiren könne etwa wie דור eine solche von 40 J., ist natürlich eine unhaltbare, nur aus der irrigen Kombination mit dem Jobeljahre hervorgegangene Annahme. Vielmehr ist לעולם auch a. u. St. s. v. a. קץ לו שאין ארוך לזמן, wie es der selbe Synonymiker anderswo umschreibt.

eigenstes Gebiet ist. Wenn z. B. in den Psalmen der Sänger seinen eigenen Gemüthszustand, etwa sein inneres Glück ewig nennt, so drückt er damit allerdings absolute zeitliche Schrankenlosigkeit aus; aber nicht, dass seine Reflexion keine Schranken kennt, sondern dass sein Gefühl sich von keinen solchen beengt weiss, ist daraus mit Sicherheit zu schliessen. Ob dabei an Ueberwindung der Schranken des Todes gedacht sei, oder ob auch ohne ein deutliches Bewusstsein davon jene mehr oder weniger starken Aussprüche sich erklären lassen, so zwar dass die Wahrheit, von welcher auch das ächte religiöse Gefühl getragen sein muss, nicht darunter leidet, — dies in den einzelnen Fällen zu entscheiden ist Sache der Exegese.

Noch haben wir aber nachzuweisen, wie das Wort עולם allmählich etwas von seiner absoluten Unbestimmtheit eingebüsst hat. Wir glauben dabei die poetisch-prophetische Sprechweise betheiligt. Es liegt in der Natur des Begriffs der Unendlichkeit, dass man sich in keiner Sprache leicht mit Einer Benennung desselben begnügt, zumal da kein Ausdruck diesem Begriffe gerecht wird. So finden wir schon in dem Lied am Meere Ex. 15, 18 die Verbindung לְעֹלָם וָעֶד angewandt, um die ewige Herrschaft Jahve's möglichst nachdrücklich auszusprechen. Die zwei Ausdrücke stehen parallel, und es ist keineswegs nach LXX und Vulg. zu übersetzen: ἐπ' αἰῶνα καὶ ἔτι, in aeternum et ultra[1]); aber es leuchtet ein, wie leicht bei dieser später sehr gangbaren Formel die Vorstellung sich einschleichen konnte, dass mit וָעֶד etwas über den עולם hinausliegendes gemeint sei. Aehnlich verhält sich's, wie es scheint, mit der Form בְּעוֹלָם עַד־עוֹלָם, welche uns schon in dem alten Psalm 90 begegnet. Man kann an dieser Stelle zweifelhaft sein, ob mit בְּעוֹלָם wie gewöhnlich der Horizont nach der einen (vergangenen) mit עַד עוֹלָם nach der andern (zukünftigen) Seite in's Auge gefasst wird, oder ob beide Ausdrücke für die Dauer in fernste Zukunft gebraucht sind. Doch ist nach dem sonstigen Sprachgebrauch wahr-

---

[1]) Siehe darüber Baumgarten-Crusius, Grundzüge der bibl. Theol. S. 194.

scheinlicher, dass allerdings auf zwei Richtungen Bezug genommen wird; und dies gilt sogar auch für Jer. 7, 7. 25, 5 trotz des לְ: Gott hat Israel sein Land gegeben לְמִן־עוֹלָם וְעַד־עוֹלָם d. h. für undenkliche vergangene und künftige Zeiten. Aber wie leicht konnte dieser Ausdruck, welcher in Doxologien immer häufiger wurde (1 Chr. 29, 10. Dan. 2, 20), zu der Meinung veranlassen, dass hier von einer Folge von עוֹלָמִים die Rede sei. Man begegnet ja diesem Plural, obwohl fast gar nicht in historischen Büchern (nur 1 Reg. 8, 13 parall. 2 Chr. 6, 2, wo die Sprache dem Inhalt gemäss eine gehobene ist), doch nicht selten in den prophetischen Reden und in den Psalmen. Hier wird überhaupt Alles aufgeboten, um das Unbegreifliche, Unnennbare, Unendliche auszudrücken. Die Sprache überbietet sich selber, damit die Vorstellung dasselbe thue. Man sehe z. B. Jesaja, wo nicht bloss die Plurale עוֹלָמִים und נְצָחִים, sondern auch die Zusammensetzungen עוֹלְמֵי־עַד und נֶצַח נְצָחִים sich finden[1]), welche die Ewigkeit zu verewigen auffordern, was freilich logisch nicht möglich, aber ein Versuch ist, das Ungeheure des Gedankens zur Anschauung zu bringen, „gleich als ringe die Sprache nach einem adäquaten Ausdruck für einen Begriff, der das menschliche Denken übersteigt" (Kahle). Bürgerten sich aber solche Erzeugnisse poetischer Diktion[2]) wie der Plural עוֹלָמִים, mit welchem man bald ebenso freigebig war wie die frühere Sprache mit dem Sing. (vgl. Koh. 1, 10. Dan. 2, 4. 3, 9 u. ö.), in der gewöhnlichen Sprache ein, so war es um die Absolutheit des alten עוֹלָם geschehen, welche es unmöglich machte, an etwas darüber Hinausliegendes zu denken, also auch einen Plural logisch nicht zuliess. Die Mehrheit bringt eine gegenseitige Begränzung mit sich. Unter עוֹלָמִים (עֹלָבִין) konnte man sich nur einander begränzende oder ablösende, wenn gleich unabsehbar

---

1) Aehnliche Steigerungen und Multiplicationen kommen auch im Arabischen vor bei Wörtern, deren Begriff dieselben logisch eigentlich nicht zulässt, z. B. أَبَدَ الآبِدِ, أَبَدَ الآبَادِ u. s. w.

2) Vgl. Böttcher § 703 c.

lange Zeiträume, Aeonen[1]), denken, während עולם ursprünglich nicht einmal einen Zeitraum oder eine Zeitdauer bezeichnete, sondern ein *Non plus ultra*, wohin eine Zeitdauer sich allenfalls erstrecken kann.

Zur Umwandlung der Wortbedeutung hat nun aber auch die Umgestaltung der hebräischen Religionsideen mitgewirkt, die Wahrnehmung nämlich, dass nicht alles als „ewig" Bezeichnete wirklich ewige Dauer beanspruchen könne. Manches, was vom göttlichen Worte selber „auf ewig" festgestellt worden war, war so verwachsen mit den weltlichen Lebensverhältnissen, dass es mit diesen der Veränderung unterliegen und bei einer vollständigen Neugestaltung derselben, wie man sie mit dem Kommen des Messias verbunden dachte, sich zum mindesten wesentlich modificiren musste. Man machte sich also mit dem Gedanken vertraut, dass alsdann ein ganz neuer Horizont sich aufthun, ein neuer Zeitanfang gesetzt würde, wodurch die Fortdauer des im jetzigen Gesichtskreise als ewig Geltenden wieder in Frage gestellt werden musste. Und da man auch für das Letztere die Bezeichnung עולם beibehielt, so gewöhnte man sich daran, auch eine Periode so zu nennen, deren Endlichkeit man nicht leugnete, ja deutlich vor Augen hatte, wie die bald ständig gewordene Terminologie beweist, wonach man dem עולם הזה einen עולם הבא gegenüberstellte, wovon ersteres zunächst die laufende Weltperiode oder die Zeitlichkeit, letzteres den mit Neugestaltung der Welt beginnenden Aeon oder die Ewigkeit bezeichnete, jenes dann die gegenwärtige (irdische), dieses die künftige (himmlische) Welt. Sobald nämlich unter עולם, was zwar nicht in seiner Wurzelbedeutung begründet war, aber nahe genug lag, nicht bloss die dunkle verborgene Ferne, sondern auch die bis dahin sich erstreckende Zeitdauer verstanden wurde, die unabsehbare Zeitsphäre, in welche alles uns bekannte Leben ein-

---

[1]) Auf den Plur. עולמים beruft sich denn auch Bedarschi für seine Behauptung, dass mit עולם im Unterschiede von נצח und עד eine abgegränzte Zeitperiode gemeint sein könne. Er übersieht aber, dass ganz ebenso der Plur. נצחים sich findet.

Die Welt als Zeitinhalt. 83

geschlossen ist, so musste von selbst auch der Inhalt dieser
Sphäre den selben Namen bekommen[1]), d. h. die Welt (הַיְּשׁוּב),
nicht zwar als „der Raum, der ebenso wie die Zeit unbegränzt ist"
(Levy), sondern als der Komplex aller Stoffe und Kräfte, aller Ur-
sachen und Erscheinungen, welche in ununterbrochenem zeitlichem
Zusammenhang stehen und eine Lebenssphäre bilden. Im biblischen Hebraismus ist übrigens weder die Unterscheidung verschiedener עוֹלָמִים noch auch die Bed. „Welt"[2]) nachweisbar.
Desto gemeinüblicher ist Beides in der jüd. Sprache von der sofe-
rischen Zeit an und in andern Dialekten. In der Terminologie der
Kabbala heissen עוֹלָבוֹת „Welten" die Sphären oder die verschiedenen Stufen, welche durch Emanation aus dem unerfasslichen
göttlichen Wesen hervorgehn[3]). Im Chaldäischen findet sich für

---

[1]) In חֶלֶד sind ja ebenfalls die Bedd. der Zeitdauer und ihres entsprechenden Inhalts vereinigt, sofern es geradezu für die Erde steht.
Auch دَهْر streift bisweilen an die Bedeutung: Welt, Natur (worüber
weiter unten S. 106 f.). Offenbar ist aber der Uebergang beim deutschen
„Welt" aus *wer-alt*, Menschenalter, also sinnverwandt mit הוֹר, dann ver-
allgemeinert nach Art des دَهْر.

[2]) In dem *dictum illustre* Koh. 3, 11 גַּם אֶת־הָעֹלָם נָתַן בְּלִבָּם, wo man
diese zu finden gemeint hat, indem man Weltsinn oder Welttrieb aus dem
Worte machte, empfiehlt sich jedenfalls besser die alte Uebers. Ewigkeit,
Unendlichkeit, sei es dass man das folgende אֲשֶׁר לֹא יִמְצָא מִבְּלִי übersetzt wie Hitzig und Kleinert: „ohne welche der Mensch nicht finden
könnte," oder wie Ewald u. A.: „nur dass der Mensch nicht finden kann."
Mit Hitzig ein hebr. עֶלֶם = عِلْم Wissenschaft in's Dasein zu rufen ist
unnöthig. Das Unwahrscheinlichste aber in lexikalischer Hinsicht bietet
der neueste Erklärungsversuch von Grätz (Kohélet 1871), wonach עלם
a. u. St. Unwissenheit bedeuten soll, wie desselben Uebersetzung von עוֹלָם
הסר יבנה Ps. 89, 3 „die Welt ist durch Liebe geschaffen" in Beziehung
auf die Grammatik das Unmögliche leistet.

[3]) Diese Verwendung des Worts, wonach es für unterschiedene zähl-
bare Gebiete ein Gattungsbegriff ist, steht in keinem innern Zusammenhang mit seiner Bedeutung in den phönizischen Kosmogonien, wo *Ulemos*
die absolute unbeschränkte Zeit ist. Dies ist zu erinnern zu Schusters
Schrift *De veteris Orphicae Theogoniae indole atque origine* (Leipzig 1869),

6*

אָלְבָּא‎ neben der dem Althebr. entsprechenden Bed. Ewigkeit[1]) die neuhebräische „Welt", so Ps. 61, 7 עלמא דאתי‎, עלמא דאתי‎ (hebr. Text הֹר וָדוֹר‎). Jene Unterscheidung von zwei Welten wurde nämlich in die bibl. Ausdrücke, namentlich in die Form מעולם ועד עולם‎ zurückgetragen, und diese dann auch gegen die Leugner des Jenseits polemisch verwerthet[2]). Ebenso hat das Wort im Syrischen einerseits die Bed. Ewigkeit[3]), anderseits die Bed. Welt, und zwar wird die letztere im Anschluss an die christlich-religiösen Ideen als endlich-zeitlich betrachtet, übrigens auch unterschieden zwischen ܥܳܠܡܳܐ ܗܳܢܳܐ und ܥܳܠܡܳܐ ܕܳܐܬܶܐ; das Adjektivum ܥܳܠܡܳܢܳܐ weltlich, irdisch, vergänglich[4]) ist der Gegensatz zu ewig oder wie das

---

wo S. 98 Anm. 1 zu dem kabbalistischen אצילות הכתר נקרא ארך אנפין והוא העולם הראשון‎ bemerkt wird: *Hic igitur idem occurrit vocabulum* עולם‎, *quo supra illum Olomum a Mocho insignitum esse vidimus.*

[1]) In diesem Sinne steht auch der Plural. So hat Targ. meist לעלמין‎ neben לעלמי עלמין‎, עלמיא‎, u. dgl. für das nicht verstandene סלה‎ der Psalmen und der Tefilla Habakuks c. 3, welches die jüd. Tradition fast einstimmig als Ausdruck der Ewigkeit fasst. Wollte man dieses ohne Zweifel musikalische Zeichen, welches auf nachdrucksvolle Worte zu folgen pflegt, mit dem Context in Verbindung bringen, so empfahl sich am ehesten, ihm einen ähnlichen Sinn beizulegen wie den feierlich abschliessenden Ausdrücken לעולם‎, לנצח‎ u. s. w. Kimchi (nach *Erubin* 104 ª) gibt an: וכן בדברי ר"זל הוא דבר אליעזר בן יעקב כל מקום שנאמר נצח סלה ועד אין לו הפסק לעילם עולמים ולעילמי‎ Diese an den meisten Stellen annehmbare Deutung von סלה‎ schien sich an einigen (z. B. 61, 5. 89, 38) auch durch den Parallelismus zu bestätigen, weshalb man desto leichter über die Unmöglichkeit derselben an andern Orten (z. B. 68, 8. Hab. 3, 3) hinweg sah. Die Aufnahme des Wortes in den Versbereich der Accentuation geht von dieser Auffassungsweise aus, möglicherweise auch die Vocalisation desselben, auf welche נֶצַח‎ eingewirkt zu haben scheint. Gegen den temporalen Sinn des סלה‎ erklärt sich nach Ibn Ezra's Vorgang auch Bedarschi (S. 202). Lostrennung des Wortes als eines musikalischen Zeichens vom Texte fordert richtig schon Kimchi. Vgl. die „Erklärung des Sela" in Sommers Biblischen Abhandlungen I, S. 1 ff.

[2]) Vgl. *Berachoth* IX, 5: כל חותמי ברכות שהיו במקדש היו אומרים בן העולם משקלקלו המינים ואברו אין עולם אלא אחד התקינו שיהיו אומרים מן העולם וער עולם‎

[3]) S. Bar-Bahlûl in Bernsteins Glossar zu Kirsch, *Chrestom. Syr.*

[4]) Nicht anders in unserm Sprachgebrauch „weltlich", obwohl auch

Das arabische عَالَم.

mittelalterliche *saecularis* Gegensatz zu kirchlich. Damit ganz parallel sind die Bedeutungen im Aethiopischen. Im Arabischen geht diesem Worte die Bed. Ewigkeit, endlose Zeit ab, dagegen findet sich عَالَمٌ[1]) (selten عَلْمٌ) in der Bed. Welt, d. i. Inbegriff aller geschaffenen körperlichen und seelischen Substanzen, wozu auch Menschen, Engel und Dämonen gehören. Gott heisst häufig رَبُّ الْعَالَمِينَ. Dieser Plural ist nicht im Sinne einer Mehrheit von Welten zu fassen, welcher Begriff den Arabern ungeläufiger ist, indem sie meist nur eine Zweiheit von Welten unterscheiden. Vielmehr erklärt er sich nach ihrer eigenen Aussage aus der Vielheit der unter dem Begriff „Welt" befassten Gattungen, unter welchen die lebendigen vernünftigen Wesen hervorragen, weshalb in dieser Verbindung der *pluralis sanus* angewendet wird[2]). Demnach ist العالمون s. v. a. العالميّون, die Weltbewohner, besonders die Menschen. Auch der Sing. عَالَمٌ steht wo nicht geradezu für Mensch[3]), so doch häufig wie hellenistisch κόσμος (z. B. Joh. 12, 19) collektiv für Menschen[4]), als welche für das Individuum gewissermaassen die Aussenwelt repräsentiren. Die selbe Metonymie findet sich oft genug auch in andern Sprachen: man denke an sansc. *lôka*; französ. *monde*, aber auch an syr.

---

wir von einer künftigen, ewigen Welt reden. Umgekehrt bedeutet עֹלָמִים (als Synonym von נֶצַח) *aeternus*, desgleichen auch das griechische αἰώνιος, welches im Unterschiede von ἀΐδιος besonders auf die Zukunft geht: zum αἰὼν μέλλων gehörig; aber man sagt auch πρὸ χρόνων αἰωνίων, vor undenklich langen Zeiten. Vgl. Wahl, *Clavis N. T.* Tittmann, *Lexicon Synon. N. T.* II, VIII.

[1]) Es ist die bei ächt arabischen Ww. seltene Form فَاعَلٌ wie خَاتَمٌ hebr. חוֹתָם (Wright I. p. 175.).

[2]) Für den *plur. fr.* عَوَالِم s. Ali's 100 Sprüche Ausg. v. Fleischer S. 93 f.; De Sacy, *Nouveau Journ. Asiat.* Tome IV, p. 161 s.

[3]) Auch die moslemisch-jüdische Philosophie fasst den Menschen als Mikrokosmus עוֹלָם קָטָן, العالم الاصغر (s. Maimuni More Nebuchim I, 72) im Gegensatz zum Makrokosmus (العالم الاكبر).

[4]) Ebenso ist خَلْقٌ, „Kreatur" oft collektiv: Menschen, Leute.

ܥܠܡܐ und das im babyl. Targ. gewöhnliche כל עלמא = alle Welt, d. h. alle Leute, wofür das jerus. Targ. כל עבא.

Wie durch Absehen von dem Endlichen, Begränzten kann man aber auch durch Vergrösserung, beziehungsweise Verlängerung oder Steigerung desselben zum Unendlichen gelangen. Dieser Weg (die *via eminentiae* der Dogmatiker), welchen die semitischen Sprachen vorzugsweise eingeschlagen haben, um für die unendliche Zeit einen möglichst entsprechenden Ausdruck zu gewinnen, musste sich leicht darbieten bei der gewöhnlichen Art, wie man die Zeit auffasste. Ist sie nämlich ein Etwas, was sich bewegt, was sich hinzieht und ausdehnt, was braucht es da mehr, als dass man dieser Bewegung, dieser Ausdehnung freien Lauf gewährt, um das Unendliche zu erreichen. Jede Linie, die man unausgesetzt sich verlängern lässt, erweckt ja die Vorstellung des Unendlichen, jede unermüdliche Bewegung in einer bestimmten Richtung beschreibt eine solche Linie. Statt also vom Sichtbaren, Gegenwärtigen auf ein unsichtbar fern Liegendes zu verweisen, braucht man nur diese stets gegenwärtige Zeitbewegung nicht rasten zu lassen, so gelangt man, wenn auch langsamer, doch eben so sicher in die unendlichen Fernen. Genau besehen freilich ist der eben gezeichnete Weg kein wesentlich anderer als die *via negationis*, bei welcher ja nicht das Endliche selber sondern nur dessen Gränzen verneint werden, seine Ausdehnung oder Gradation über diese Gränzen hinaus aber vorausgesetzt wird. Bei der Benennungsart dagegen, zu welcher wir jetzt übergegangen sind, wird die Ausdehnung erzeugende Bewegung in's Auge gefasst und dabei die beständige Negation ihrer Gränzen vorausgesetzt. So deuten diese beiden Arten von Bezeichnungen im Grunde auf den selben Prozess, welcher vom Endlichen zum Unendlichen führt: sie theilen sich nur in zwei verschiedene dazu gehörige Funktionen, und die an zweiter Stelle aufgeführte bildet das positive Complement zur ersten.

Das Wort, welches im Hebräischen in grösster Einfachheit dieses zweite Verfahren abbildet, ist עד, welches wie früher bemerkt, von עדה *transiit* abzuleiten ist[1]). Böttcher findet in der Wurzel עד als Grundbegriff etwas in seiner Bewegung oder Haltung straff und steif Fortgehendes. Dazu passt nicht übel die einzige im Hebr. dahin gehörige Stelle Iob 28, 8, wo es vom Löwen gesagt ist, der über einsame Steige dahinschreitet. Temporal bedeutet dann עַד das Fortgehen als die Fortdauer entweder zu einem bestimmten Ziele, daher die Bed. „bis"[2]); oder aber in's Unbegränzte[3]). In letzterer, bloss dem Hebräischen eigenthümlichen Weise ist עַד = *perpetuitas*[4]): das zeitlich stracks Fortlaufende, in gerader Linie Fortgehende[5]), also die ununterbrochene Fortdauer. Auffällig ist hier allerdings, wie dieses עָדָה, eig. über etwas hingehen, vorbeigehen, daher geradezu vergehen, aufhören[6]), zur ganz entgegengesetzten Bedeutung des beständigen Dauerns gekommen ist; es ist dies aber möglich dank der Vieldeutigkeit des physischen Grundbegriffs der Bewegung, und wir haben hier somit wieder ein Beispiel des oben (S. 5 f.) besprochenen Hervorgehens konträrer Begriffe aus Einer Vorstellung. Auch das arab. ڡَو vorüber-, vorbeigehen, weitergehen bekommt in Form X

---

[1]) Der Form nach ist es auf die Wurzelbuchstaben reducirt wie בַּל (Nichtsein) von בָּלָה, שַׁל von שָׁלָה, שַׁד von שָׁדָה (Ewald § 146 d).

[2]) In der Form עַד (wie בַּל u. dgl.) oder עֲדֵי, welches nicht Plural der Ausdehnung wie אַחֲרֵי, תַּחְתֵּי sondern die constructivisch abgewandelte Grundform עֲדָי (wie שָׁדַי von שָׂדֶה) ist, vgl. Ew. § 217 e und Bickell, Grundriss der hebr. Gramm. § 144.

[3]) Treffend bemerkt Bedarschi: כל עד הנמצא כתוב בספר ענינו תכלית d. h. in עד liege immer eine Vollendung, eine Durchführung bis an's Ziel. Dieses Ziel nun (welches lokal, temporal oder graduell sein kann) lasse sich auch als absolutes denken, z. B. לָעַד sei s. v. a. עד תכלית כל זמן וסוף היות כל נברא

[4]) *Perpetuitas* von *perpetuus*, von *per — petere*, welches logisch das Frequentativ von *ire*. S. Döderlein Synon. I, 1 ff.; III, 304 vgl. 180.

[5]) Von ähnlicher sinnlicher Vorstellung geht das äthiop. ሐቀ፡ (*zalf*) *perpetuitas* aus, denn die Grundbedeutung von ሐለየ፡ ist: dahinfliessen, — gleiten, — eilen; daher heisst es dann: fortdauern. S. Dillmann, *Lexicon Linguae Aethiop.* p. 1035.

[6]) S. die Stellen im chald. Theil des B. Daniel 7, 14. 6, 9. 13.

die Bedeutung des Fortwährens, Beharrens; مُسْتَمِرُّ ٱلْوُجُودِ ist ein Beiname Gottes von Seiten der absoluten Stetigkeit seiner Existenz. Freilich ist das Moment der Unendlichkeit, welches dem Worte עַד seinem Gebrauche nach eignet, in seinem Etymon nicht deutlich ausgesprochen. Es liegt aber eben darin, dass dem Fortlauf in der Zeit keine Beschränkung gesetzt wird. Das Wort bezeichnet einen *progressus in indefinitum* in dem Werthe des *processus in infinitum*.

So besteht denn sachlich kein wesentlicher Unterschied zwischen den Ausdrücken לְעוֹלָם und לָעַד[1]) oder עַד־עֹלָם und עֲדֵי־עַד[2]); beide Nomina עוֹלָם u. עַד gehen auch auf die rückwärts geschaute Zeit: בִּימֵי־עַד (Iob 20, 4) = מֵעוֹלָם. Ist עולם der dunkle Abgrund, der die Zeit verschlingt, so ist עַד der gerade Weg, der dahin führt. Nur muss bemerkt werden, dass עד die ungewöhnlichere, nur der gewählteren Sprache angehörige Bezeichnung für die unendliche Zeit ist, weshalb es zwar poetisch-hyperbolisch (Gen. 49, 26. Hab. 3, 5), aber nicht in so vulgärer Weise gebraucht wird wie עוֹלָם. Meistens übrigens steht es neben עוֹלָם, zumal in Doxologien und dergl., nicht um zu dem Begriffe desselben etwas hinzuzufügen, sondern um denselben durch eine zweite Bezeichnung desto mehr hervorzuheben. Die ständige Verbindungsweise ist dabei die, dass der gewöhnlichere Ausdruck voransteht: לְעוֹלָם[3]) וָעֶד; an einigen Stellen (Ps. 111, 8. 148, 2) findet sich לָעַד לְעוֹלָם. Die pleonastische Zwiefältigkeit beim Ausdrücken eines Begriffes ist ja auch sonst dem Hebräischen nicht fremd; aber nirgends erklärt sie sich leichter als in dem vorliegenden Falle, wo es galt einen Begriff sprachlich wiederzugeben, neben welchem auch das prägnanteste Wort in seiner Kürze viel zu armselig erscheinen musste. Im Gefühle, dass die erste Bezeichnung lange nicht ge-

---

[1]) Ewald § 243 c.
[2]) Derselbe § 266 a.
[3]) Ueber die Pausalform וָעֶד s. Geiger, Urschrift und Uebersetzungen der Bibel S. 487 f.

nüge, fügte man eine neue hinzu¹), obwohl man sich des spezifischen Unterschiedes beider, kraft dessen sie sich gegenseitig ergänzen, kaum mehr deutlich bewusst war.

Wir müssen hier auch des arab. أَبَد, endlose Zeit, *perpetuitas* gedenken, welches darum für uns merkwürdig ist, weil es die sinnlichen Grundbedeutungen von עולם und עד gewissermaassen in sich vereinigt, indem die (zeitliche) Bewegung bis in's Unsichtbare hinaus darin liegt. Die Wurzel بد bed. eig. Trennung, wie das arab. لَا بُدَّ مِنْ „es ist kein Abkommen von..." und das hebr. לְבַד zeigen²). Varianten dieses Grundbegriffs sind بَدَعَ, بَدَا, أَبَدَ, باد und auch أَبَكَ; dieses heisst von Thieren: wild, scheu sein, eig. sich isoliren, absondern. Daher hebr. אָבַד und syr. ܐܒܕ stärker: zu Grunde gehn³) (vielleicht aus der Hirtensprache genommen, s. Ps. 119, 176 (שֶׂה אֹבֵד); אֲבַדּוֹן der Abgrund als Ort des Verschwindens und der Vernichtung. Ebenfalls an den Grundbegriff der scheuen Absonderung lehnt sich das äthiop. አበደ: (*'abda*) irrsinnig, wahnsinnig sein. Sonach wird أَبَد die Zeit sein, welche, wenn der menschliche Blick sie fixiren will, in unendliche Fernen sich flüchtet, so lange sich fortbewegt, bis sie im Dunkel der entlegensten Zukunft verschwindet, die im Unendlichen sich verlierende Zeit. In der That hat im Koran أَبَد die Bed. Ewigkeit wie עולם in der Bibel. So stark ist wenigstens der Begriff meistens dann, wenn keine Negation voraufgeht. Es wird so gebraucht von der

---

¹) Aehnlich spricht sich Pappenheim darüber aus: ובעבור זה הכפיל בעל המאמר את הכנויים לפעמים להוראת ההפלגה כמשפט הלשון כדי שלא יחשב המאמר כמקצר בהפלגה והכפיל הכנויים להפלגת הדבר יותר ויותר וזה ענין אמרו לעולם ועד ור"ו ועד ור"ו החביר ומלת עד בנוי מוכרת להגבלת בלי הגבל ויהיה בני עולם הפלגה אחת ובנוי עד הפלגה שנית.

²) Siehe über diesen Stamm Ethé a. a. O. II, 70 ff. vgl. Wünsche, Hosea S. 601.

³) Diese Bed. geht ähnlich aus dem St. סוף „sich längs hinziehn", daher „verloren gehn" „zu Grunde gehn", hervor. S. Delitzsch, Comm. zu Jesaja S. 677.

90 Ewigkeit vorwärts und rückwärts.

Dauer der Paradiesesfreuden und der Höllenstrafen. Diese währen أَبَدًا = ewiglich. Steht hingegen vor أَبَدًا eine Negation, so entspricht es dem lat. *unquam*; nur dass es stets auf künftige Zeiträume sich bezieht. Dieses أَبَدًا — لَا „ewiglich nicht" hat aber oft die Eigenschaft, dass der Begriff der Negation den Zeitbegriff überwiegt[1]), besonders bei Verboten, Drohungen u. dergl., wo es gesetzt wird, wenn etwas auf keinen Fall, unter keinen Umständen geschehen soll, wie ja auch das deutsche nimmermehr, das franz. *jamais* (aus *jam magis*) ähnlichen Sinn haben können. Im Vulgärarabischen ist endlich das لَا أَبَدًا zu einfacher Bezeichnung einer starken Negation herabgesunken. Die II. Form أَبَّدَ hat nach der angegebenen Grundbed. und der daraus erwachsenen temporalen einerseits den Sinn flüchtig machen, anderseits: beständig, immerwährend machen, so dass مُؤَبَّدٌ s. v. a. مُخَلَّدٌ. Wir haben also einen ähnlichen Gegensatz der Bedeutungen innerhalb desselben Wortes wie bei עדד. Im Uebrigen ergänzt dieses أَبَدٌ, welches von der unabsehbaren endlosen Zukunft gesagt wird, das schon genannte أَزَلٌ, welches Ewigkeit *a parte ante* oder Anfangslosigkeit bedeutet, eig. was unendlich weit geht, nämlich dem Sprachgebrauch nach: rückwärts in die Vergangenheit.

Kehren wir zurück zu der einfachsten Bedeutung von עד, welche keine andere ist als die der Zeitbewegung, die beliebig fortgesetzt aber auch von jeder Schranke entfesselt werden kann, so enthält dieselbe an sich nicht den Begriff der Grösse; wohl aber geht dieser leicht daraus hervor, indem die Bewegung, welche dabei in Betracht kommt, eine mehr oder weniger lange Linie beschreibt[2]). Deutlich ausgesprochen ist hingegen dieser Begriff

---

[1]) Umgekehrt gewinnt das ebenfalls meist in negativen Sätzen stehende äthiop. ፈጺሞ፡ (*gĕmūrā*), welches eigentlich nur die Vollständigkeit der Bejahung, beziehungsweise Verneinung ausdrückt, ganz temporalen Sinn. S. Dillmann, Grammatik der äthiop. Sprache S. 304.

[2]) Darum sind mit den der räuml. Bewegung entstammenden Zeit-

Die Zeit als Continuum: תָּמִיד. 91

einer (zunächst räumlichen) Quantität, die sich durch Bewegung erzeugt und vermehrt, in Wörtern wie אִיתָן, תָּמִיד, welche mit zu den Bezeichnungen der endlosen Zeit gehören, nicht ohne jedoch eine besondere Nüance dieser Vorstellung zu geben. Das Stammwort von תָּמִיד ist nämlich מוּד dehnen, ausdehnen, Wurzel מָד, wovon בָּדַד ausstrecken mit seinen Derivaten בַּדָּה Maass und מַד Gewand, womit ferner בִּתָה verwandt woher מָתַי[1]) wann, מַת Recke (dann wie גֶּבֶר überh. Mann), erhärtet מָתַח u. s. w. Aus dem Arab. ist zu vergleichen مَدَّ, woher مُدَّة *spatium loci et temporis;* مَتَى, مَتَنَى, مَدَى woher مَتَاع Lebensunterhalt, eig. Lebensverlängerung, مَاتَ sich starr hinstrecken = sterben; auch مَدَحَ loben, eig. weit machen u. s. f. Demnach ist תָּמִיד zeitliche Ausdehnung, Verlängerung, ein Begriff, der ebenso wie der von עַד einer Erhebung in's Unendliche fähig ist, aber sich von dem letztern dadurch unterscheidet, dass er von der Vorstellung der zeitlichen Dauer als einer zusammenhangenden Grösse ausgeht, weshalb es denn dabei mehr auf die Continuität als auf die Extension abgesehen ist. תמיד bezeichnet nicht sowohl die Ausdehnung in fernste Zeiten, als vielmehr den stetigen unverletzten Zusammenhang in der Zeit. Deshalb ist dieses Wort besonders im Gebiete des Kultus zu Hause, wo es ja Symbole gibt, zu deren Charakter die Beständigkeit, das unausgesetzte Dasein gehört. So die Schaubrode, welche „fortwährend" aufliegen (Ex. 25, 30. Num. 4, 7), die Lampen, welche „beständig" brennen sollen (Ex. 27, 20 u. a.), das Feuer auf dem Altar, welches nicht ausgehen darf[2]), das Tragen von Kleidungs-

---

benennungen die an die räuml. Ausdehnung sich anlehnenden nahe verwandt, welche letztere in andern Sprachen sehr häufig (vgl. arab. مُدَّة), im Hebr. wenigstens durch תמיד, איתן vertreten sind.

[1]) Nach Ewald § 104 c aus מָה und dem Urdeutewort *ta* (*tahi*) zusammengesetzt, s. aber Fleischer in den Ergänzungsblättern der Allgemeinen Hallischen Literatur-Zeitung, Febr. 1847 Nr. 16 Col. 126.

[2]) Lev. 6, 6 אֵשׁ תָּמִיד תּוּקַד עַל־הַמִּזְבֵּחַ לֹא תִכְבֶּה Vgl. Cicero *Cat.* IV, 9: „*illum ignem Vestae perpetuum ac sempiternum*".

stücken, welches dazu angethan ist, etwas „fort und fort" in's Gedächtniss zu rufen (vgl. Ex. 28, 29 f. 38 mit Prov. 6, 21). Desgleichen gibt es Opfer, welche im Gegensatz zu anderen beständige sind, d. h. solche, welche nie ausfallen dürfen, also tägliche. Daher bez. תָּמִיד mit עוֹלָה, מִנְחָה, קְטֹרֶת verbunden, das tägliche Brand-, Speis-, Rauch-Opfer. Die Verbindung der Wörter geschieht entweder annexionsweise d. h. genitivisch (עֹלַת תָּמִיד z. B. Ex. 29, 42; auch mit Artikel: עוֹלַת הַתָּמִיד Num. 28, 24), oder appositionsweise (עֹלָה תָמִיד Num. 28, 3, ein Brandopfer, welches ein Beständiges ist), immer aber so, dass תָּמִיד logisch die Stelle unsers Adjektivs vertritt. הַתָּמִיד ist vom Buche Daniel an in der spätern Sprache geradezu Name für das tägliche Morgen- und Abendopfer geworden. Im Chald. ist dies die ausschliessliche Bedeutung von תְּמִידָא (Plur. תְּמִידַיָּא); das spezifisch chaldäische Wort dafür ist תְּדִירָא (s. oben S. 40).

Auch ausserhalb des eigentlichen Kultus will תָּמִיד besagen, dass eine Thätigkeit oder Erscheinung (letzteres z. B. Num. 9, 16) ununterbrochen fortdauert oder fortdauern soll. Daher dient es besonders zur Kennzeichnung einer beständig sich wiederholenden Handlung (2 Reg. 4, 9) oder einer Thätigkeit, welcher jemand beständig, d. h. ausschliesslich obliegen soll (1 Chr. 16, 37 u. a.), oder des unaufhörlichen Gedenkens an eine Sache (Jes. 49, 16 u. häufig). Ueberall aber liegt der Nachdruck nicht darauf, dass etwas recht lange, sondern dass es ohne Unterlass, continuirlich geschieht. Es ist daher kaum nöthig, den Unterschied des Wortes von עוֹלָם und עַד hervorzuheben. Denn obwohl es an diese mit seiner Bedeutung streifen kann[1]), fehlt ihm doch der ausgesprochene oder nothwendig anzunehmende Charakter der Unendlichkeit. Es darf auch auf ganz kurze Zeiträume angewendet werden, sobald etwas innerhalb derselben unausgesetzt fortdauert. Vgl. Jes. 21, 8: der Wächter steht „unablässig", d. h. Tag und

---

[1]) Vgl. z. B. Ezech. 38, 8 תָּמִיד לְחָרְבָּה mit dem oben angeführten חֻרְבוֹת עוֹלָם.

Die sich weit hinstreckende Zeit: איתן.

Nacht auf der Warte; und auch bei Ausdehnung auf weitere Zeiträume geht תמיד auf das Stetige, wobei kein Augenblick ausgesetzt werden darf, und wechselt daher mit בכל־עת Prov. 5, 19: immerdar, jederzeit; LXX gibt es zuweilen passend durch διὰ παντός oder ἐνδελεχῶς. Eben deshalb kann es auch ergänzend neben עולם stehen (Lev. 24, 3. 8), welches nur auf die weite Entfernung zielt. Anderseits kommt es nicht selten vor, wo עולם unmöglich wäre, nämlich wo die Gränze der betreffenden Zeitdauer bestimmt angegeben wird, wenn nur während derselben etwas ununterbrochen stattfindet. So z. B. 2 Reg. 25, 29 = Jer. 52, 33, wo dem תמיד durch das beigesetzte כל ימי חייו Schranken gesetzt werden.

Das von תמיד Gesagte gilt zum Theil auch von אֵיתָן, welches ebenfalls von einer zunächst räumliche Ausdehnung bewirkenden Thätigkeit seinen Ursprung genommen hat. אֵיתָן als Elativ[1]) mit א *prostheticum* gebildet wie אַכְזָב und אַכְזָר, kommt von יָתַן Wurzel תן, welche auch zu den Stämmen תָּנָה, תָּנַן und mit Vorsatz zu נָתַן[2]) erwachsen ist; vgl. אֶתְנָן der hingereichte Preis, תַּנִּין das langgestreckte (Thier) u. s. w. Ableitungen dieser Wurzel finden sich auch im Arabischen und Aethiopischen. Also bedeutet וَتَنَ = יָתַן eig. sich strecken, daher anhalten, dauern; אֵיתָן demgemäss was in der Zeit sich weit hinstreckt, d. h. im Laufe der Zeit sich gleich bleibt. Insonderheit wird אֵיתָן (Gegentheil אַכְזָב Jer. 15, 18) wie وَتَنَ von den Wassern gesagt, welche nicht bloss zu gewissen Zeiten, sondern „immerwährend" fliessen, wie das latein. *jugis* (von *jungo*) und *perennis* vorzugsweise diesen Begriff ausdrücken[3]). נַחַל אֵיתָן (Deut. 21, 4 u. ö.) ist ein Bach, dessen Existenz nicht von Witterung und Jahreszeit abhängig ist. Vgl. auch Ex. 14, 27: das Wasser kehrte zurück לְאֵיתָנוֹ zu seiner Beständigkeit d. h. es

---

[1]) Böttcher § 548 nennt diese Bildung „Augmentativ".

[2]) Demnach ist נָתַן eig. *porrigere*, hinstrecken, reichen, wie dies auch der Ursinn von وَتَنَ und أَعْطَى.

[3]) Vgl. auch das griech. ἀέναος (aus ἀεί-νάω) immer fliessend, daher ewig (LXX für עולם).

nahm wieder den Raum ein, den es beständig innezuhaben pflegte. Offenbar kommt es auch hier nicht bloss auf die Ausdehnung, sondern wie bei תמיד vor Allem auf die Beständigkeit in der Zeit an. Dies zeigt sich auch in der qualitativen Färbung, welche איתן noch leichter annimmt als תמיד. Was sich in der Zeit nicht verändert, ist seiner Natur nach dauerhaft, stark, fest. אֵתָנִים heissen (Micha 6, 2) die Fundamente der Erde, aber auch die Menschen, welche im Lauf der Zeit sich in ihrer Macht zu behaupten gewusst haben (Iob 12, 19 δυνάστας LXX). איתן ist Bezeichnung des Soliden, dessen Eigenschaft in der Zeit sich gleich bleibt (so auch Gen. 49, 24), gehört übrigens abgesehen von der ganz gewöhnlichen Beziehung auf das Wasser[1]) der gehobenen Sprache an. Von dem viel gewöhnlicheren תמיד unterscheidet es sich aber nicht bloss dadurch, sondern auch durch seine ganze Gebrauchsweise. Schon die Wurzel *tan* (vgl. τάνυμαι, τείνω, τιταίνω) ist stärkeren Sinnes als *mad*. Daher ist die Bed. von איתן ungleich extensiver.[2]) Es bezeichnet auch nicht wie תמיד eine unablässige Thätigkeit (*assiduitas*), sondern einen dauerhaften Zustand oder Bestand. Und da bei letzterem Begriff weit mehr auf die Länge der Zeit ankommt als bei ersterem, so steht איתן den Bezeichnungen der endlosen Zeit um vieles näher. Man denke auch an den schon erwähnten Gottesnamen בעל איתן (Βελιτάν Strabo), welcher unter den ausserisraelitischen Gottesnamen dem אֶהְיֶה אֲשֶׁר אֶהְיֶה am nächsten kommen dürfte, denn dieser drückt ebenfalls das Sichgleichbleiben (die Wesensgleichheit) bei unterschiedener Zeit aus. Im Phönizischen ist ליתן geradezu s. v. a. לעלם[3]). Bei Jeremia 5, 15 ist גוי איתן הוא gewiss nicht sehr verschieden von גוי מעלם הוא; aber daraus, dass dieses steigernd

---

[1]) Daraus ist wohl auch der alte Name des Monats Tischri 1 Reg. 8, 2 hervorgegangen.

[2]) S. auch die Stelle Prov. 13, 15, wo es vom Wege aussagt, dass er endlos sich hinziehe. Vgl. Böttcher *Collectanea Hebr.* p. 135.

[3]) Vgl. Delitzsch, Comm. zu den Psalmen S. 543.

hinzugefügt wird, ergibt sich schon die Unterschiedenheit beider. Das erstere bezeichnet das Volk als ein solches, welches in der Geschichte beständig als Macht aufgetreten ist. Das letztere besagt von ihm, dass seine Ursprünge bis in die Urzeit hinaufreichen, ihm also an Adel keines gleichkommt[1]).

Wie bei den letztgenannten Wörtern ein Umschlagen der Qnantität in die Qualität sich bemerkbar macht, indem darin mittelst des in der Zeit sich Dehnenden, Dauernden die Beständigkeit und Festigkeit ausgedrückt wird, so kann nun auch das Umgekehrte stattfinden. Wir hatten diesen Fall bereits beim arab. خَلَدَ, welches eig. festgewurzelt sein, dann ewig dauern bedeutet; wir haben ihn auch in dem hebr. נֶאֱמָן von dem bekannten Stamm אָמַן (אָמֵן) eig: stützen, gründen, fest machen, daher Part. Niph. fest gegründet, zuverlässig; aber auch: immerwährend, ewig. Es wird ähnlich wie אֵיתָן vom Wasser gesagt, das nicht versiegt (Jes. 33, 16; vgl. Jer. 15, 18), sogar von Krankheiten, die nicht nachlassen (Deut. 28. 59; vgl. אֵיתָן Iob 30, 19), von ewig geltenden Verheissungen, ewigem Bündniss parall. עוֹלָם Jes. 55, 3. Ps. 89, 24. Ebenso findet sich die zeitliche Bed. im Syrischen: ܐܡܝܢ verharrend, immerwährend; davon das Nomen ܐܡܝܢܘܬܐ, *perpetuitas*, das Adverbium ܐܡܝܢܐܝܬ *perpetuo*.

Weit bemerkenswerther aber ist der Uebergang von der Qualität zur Quantität oder, wie wir uns deutlicher ausdrücken wollen, von der qualitativen Intensität zur quantitativen Extensität in der dritten Hauptbezeichnung, welche die hebr. Sprache für den Begriff der endlosen Zeit aufzuweisen hat, in dem Nomen נֶצַח oder נֵצַח[2]), immer mit Segol in לָנֶצַח, hervorgegangen aus einem im Kal ungebräuchlichen נָצַח mit der Grundbed. leuchten, strahlen, welche der Wurzel צַח zukommt, vgl. צָחַח, Adj. צַח, vielleicht auch das Subst. נְצַח, ferner arab. صَحَا *serenus fuit*,

---

[1]) Vgl. Num. 24, 20 wo ʿAmalek ראשית גוים genannt wird.
[2]) Vgl. Böttcher § 492 γ.

ضَحَا ,ضِحْ woher manche Bezeichnungen der hellen Tageszeiten, وَضَحْ, syr. ܢܨܚ u. s. w. Stellen wir mit diesem sinnlichen Begriffe den der unendlichen Zeit zusammen, so erinnern wir uns, dass man vom Endlichen zum Unendlichen *viâ eminentiae* nicht bloss durch unaufhörliche Extension, sondern auch durch unausgesetzte Steigerung des Intensiven, z. B. des Lichtes, gelangen kann[1]). Der Uebergang vom unendlich hellen Lichte zur unendlich langen Zeit wäre jedoch mit der Natürlichkeit, welche in der sprachlichen Entwickelung herrscht, kaum in Einklang zu bringen, wenn hier nicht ein Mittelbegriff dazwischen träte, welchen die Sprache selbst uns darbietet. In den semitischen wie in andern Sprachen wird das intensiv und expansiv starke Licht vielfach verwerthet zum Ausdruck von Ueberlegenheit aller Art, von Vorzügen, Glück, Sieg u. a.[2]). Abgesehen von dem noch immer nicht ganz aufgeklärten, der levitischen Sprache angehörigen נִצַּח, נִצְּחָה, bedeuten in der That das chald. נְצַח und das syr. ܢܨܚ mit ihren Derivaten: übertreffen, überwinden, siegen. Auch das hebr. נֵצַח selber hat die Bed. des Herrlichsten, Vorzüglichsten, Mächtigsten, Edelsten, der *excellentia*, so 1 Sam. 15, 29, wo Gott selber נֵצַח יִשְׂרָאֵל die „Majestät" Israels genannt wird (vgl. 1 Chr. 29, 11), und Thren. 3, 18; an beiden Stellen ist nicht *fiducia* zu übersetzen, welche an das arab. نصع sich lehnende Bedeutung überhaupt im Hebr. nicht nachweisbar[3]), weshalb es auch nicht rathsam erscheint, die Bed. Ewigkeit auf diesen ethischen Begriff der Zuverlässigkeit eig. aber Aufrichtigkeit zu bauen[4]). Auch Jes. 63, 3. 6 kann poetisch das Blut als der edle Lebenssaft[5]) so genannt sein, wenn nicht hier die Ab-

---

[1]) S. darüber Leibnitz a. a. O. p. 244.

[2]) So in dem arab. طَغَى in der Bed. überglänzen, überstrahlen, d. h. übertreffen, die Oberhand gewinnen, u. dem pers. زي, s. Ethé a. a. O. S. 28.

[3]) Delitzsch. Comm. zu Habak. S. 7.

[4]) Gesen. (*Thesaur.* p. 905): *a fide cui inniti aliquid potest*.

[5]) Aehnlich die jüd. Erklärer Abulwalid: اراد دمهم لان به تكون القوة والحيات Kimchi: בלומר דמם שהוא הכח והחיים

Die Zeit in höchster Potenz: נצח.

leitung von der Bed. *spargere* (s. نَضَخَ, نَضَحَ u. s. w.) nach Schultens' Vorgang zu bevorzugen ist. Wenn nun das Wort, auf die Zeit übertragen, diese in ihrer höchsten Potenz bezeichnet, so heisst sie offenbar so als die überragende, überdauernde, an Dauer übertreffende. Wesentlich so fasst es auch die jüdische Ueberlieferung, indem sie dem Worte als eigentliche Bed. die der Kraft zuschreibt, welche beständige Dauer verleihe [1]). Nur ist festzuhalten, dass dem Worte eine komparative, beziehungsweise superlative Tendenz (غَلَبَة) eigen ist, wodurch es sich z. B. vor خَلَد auszeichnet, und noch mehr geschickt wird, eine unendliche, alles Endliche in den Schatten stellende Grösse auszudrücken. Das häufige לָנֶצַח [2]) bed. also: auf überschwängliche Zeit, die alles übertrifft, was man von Zeit kennt und nennt.

Vergleichen wir nun נצח mit עולם. Merkwürdiger Weise stehen sich, falls unsere Ableitungen richtig sind, die Wurzelbedd. der beiden Synonyma diametral gegenüber, die eine: verhüllt, dunkel sein: die andre, strahlend hell sein; und doch haben die beiden Wortstämme Namen der endlosen Zeit geliefert, ohne ihren Charakter zu sehr zu verleugnen. עולם nämlich gelangte unschwer, wie wir sahen, dazu, eine Zeit zu bedeuten, welche so extensiv ist, dass ihre Gränzen verschwinden, ein Ende von ihr sich nicht absehen lässt; נצח heisst eine Dauer, welche etwas so Intensives hat[3]), dass an ihr Aufhören oder Verschwinden gar nicht zu denken ist. Im Unterschiede von עולם gilt נצח wie עד einem

---

[1]) Kimchi bemerkt zu der Fem.-Form נֶצַח Jer. 8, 5: פירוש נצחת חזקה מוחמדת שלא יפרדו ממנה כי הדבר החזק הוא מוחמד, und Bedarschi zu נֶצַח (Jer. 15, 18): ר"ל קים בלי תכלה ונצח ענינו קיום וחזק.

[2]) Dafür steht das einfache (accusativ.) נֶצַח mit gleichem Rechte wie bisweilen עולם für לעולם.

[3]) Wie bei den Benennungen der endlichen Zeit, so hat offenbar auch hier der Zeitinhalt wesentlichen Antheil an der Bildung der Zeitvorstellung und Zeitbenamung. Der Zeitinhalt ist das Verborgene, das sich unserm Blicke entzieht, wie das gewaltig sich Ausbreitende, in dessen Eigenschaft es liegt, ewig zu dauern.

7

98 Die drei Hauptnamen der unendlichen Zeit: עולם, עד, נצח.

durchaus positiven Begriff. Diese beiden drücken übereinstimmend eine Zeit aus, welche in weiteste Ferne (bes. der Zukunft) hinausgeht; נצח ist aber insofern stärker, als es, statt mit dem blossen Ablauf der Zeit sich zu begnügen, diesen als eine Steigerung bezeichnet. Nicht die reine unausgesetzte Bewegung wie bei עד sondern die fortwährende Gradation wird hier zur Darstellung der Unendlichkeit aufgeboten. Sachlich kommen die drei Wörter schliesslich auf Eins hinaus: עולם ist die Zeit, deren Gränzen nicht wahrnehmbar oder nicht vorhanden; עד die Zeit, welche bis zu den äussersten denkbaren Gränzen fortgeht; נצח die Zeit, welche alle Gränzen übersteigt[1]). Alle drei aber nehmen die ganze Tragweite menschlicher Vorstellungskraft in Anspruch, ohne davon erschöpft zu werden, gehen somit auf das Unendliche. Im Sprachgebrauch dürfte denn auch ein wesentlicher Unterschied zwischen נצח und den beiden andern Wörtern schwer nachzuweisen sein; nur ist zu bemerken, dass נצח nicht auf die Vergangenheit angewendet wird, was seiner Grundvorstellung ferner liegt als der von עולם, und dass es wie עד nur selten in schlichter Prosa vorkommt[2]) (so 2 Sam. 2, 26). Auch von diesem Wort findet sich der Plural in der Zusammensetzung לְנֵצַח נְצָחִים Jes. 34, 10. Wie bei den ähnlichen Zusammenstellungen עד עולמי u. s. w. (vgl. *in saecula saeculorum*) ist hier der Sinn die Steigerung oder Ueberbietung der längsten Dauer durch das, was sie ebensoweit übertrifft, wie sie

---

[1]) Man vergleiche bes. zur letztern Vorstellung das targum. לְאַבְּשָׁט, welches mehrmals für לנצח steht und von Musafia in seinen Zusätzen zum Aruch ansprechend εἰς ἄπειρον (von πέρα, πέρας) erklärt wird. S. auch Trendelenburg a. a. O. I S. 168 f.: „die Unendlichkeit ist nichts anderes als die über ihr jeweiliges Produkt hinausgehende Bewegung."

[2]) Wesentlich darauf ist für die bibl. Literatur zu beschränken, was Bedarschi zur Unterscheidung von עולם und נצח angibt: נצח גדול לפי עניני בבלת עולם עולם כי עולם יקרא וקרא נצח אבל נצח יקרא אף מה שאחר הישוב ימה שעתיד להיות. Weil עולם sehr oft im gewöhnlichen Leben und bürgerlichen Verkehr gebraucht wird, geht es natürlich häufiger auf Dinge, welche mit dem Tode des Menschen oder dem Ende der Welt zweifelsohne ein Ende nehmen, als das vom Sprachgebrauch weit sparsamer verwendete נצח.

selber alle kürzere oder endliche Zeit überragt[1]). Aber auch bei diesem נצח ist klar, dass eine wirkliche Steigerung nicht möglich, da schon der einfache Sing. eine Gradation des Zeitbegriffs ausdrückt, deren Erhöhung ins Unendliche wo nicht formell ausgesprochen ist, so doch virtuell darin liegt und actuell dabei bezweckt wird. Die Bed.: vollständig, *prorsus*, ganz und gar (Ges. *Thes.*), welche man dem Worte נצח zugetheilt hat, ist nicht nachweisbar; doch liegt die qualitative Absolutheit dem Worte nach seiner Eigenthümlichkeit nahe. In einigen merkwürdigen Psalmstellen (13, 1 u. a.) findet sich die Verbindung des fragenden עַד־אָנָה mit נצח (= לנצח) z. B. עד־אנה ה׳ תשכחני נצח. Die zeitliche Absolutheit (נצח an allen diesen Stellen, nicht עולם; vgl. indessen Jes. 32, 14 f) beruht hier auf dem unter unendlichem Drucke stehenden subjektiven Gefühl, über dessen Gewalt der Dichter sich erhebt, indem er jene Absolutheit in Frage stellt. Der Sinn ist: wie lange muss ich denken, dass du mich auf ewig vergessen habest? —

Legen wir uns zurückblickend noch die Frage vor, wie im Allgemeinen die Bezeichnungen der unbegränzten Zeit im Hebräischen und den verwandten Sprachen zu Stande gekommen seien, so ergibt sich aus dem Vorhergehenden, dass dies geschah durch Anlehnung an die Zeitbewegung, dass also die gleichen Elemente dazu verwendet wurden, welche auch zur Benennung der endlichen Zeit beigezogen worden sind, so zwar, dass diese Zeitbewegung entweder in's Ungemessene verlängert wurde (עד, עולם, איתן, תביד), oder durch Umbiegung stetig gemacht wurde (عود, עוד), oder endlich, dass man sich mit Qualitäten behalf, welche das Beharren in der Zeitbewegung oder aber eine Reaktion gegen diese involviren (נצח, vgl. arab. ausser خلد die Eigenschaftswörter دائم قيّوم u. ähnl.[2]). Die Ewigkeit wird also hier

---

[1]) Der superlativische Ausdruck ist wie in שמי השמים (z. B. Deut. 10, 14) u. dgl.

[2]) Vgl. die Attribute Gottes in Betreff der Ewigkeit nach Al-Ġa-

überall nicht aufgefasst als etwas, was ausserhalb oder überhalb der Zeit stände, sondern als ein Continuum, in welches die Zeit ausläuft[1]). Die verschiedenen Arten, eine Benennung der Ewigkeit zu bilden, wie sie in den besprochenen Wörtern vorliegen, geben eine Illustration zu den Leibnitz'schen Worten: *L'idée du temps et celle de l'éternité viennent d'une même source, car nous pouvons ajouter dans notre esprit certaines longueurs de durée les unes aux autres aussi souvent qu'il nous plaît*[2]). In der That werden nicht bloss solche Thätigkeiten und Eigenschaften, die dem Ausdruck der endlichen Zeit dienen, auf die unendliche übertragen, sondern auch die **Namen der begränzten Zeit** selbst werden zur Darstellung der unbegränzten gebraucht, indem durch Vermehrung und Häufung der endlichen Zeitperioden die Vorstellung des Unendlichen erzielt werden soll.

Dies gilt im Hebr. namentlich von דּוֹר als dem Namen des *saeculum*, der längsten, immerhin endlichen Zeitperiode. Durch verschiedene Verbindungsweisen wie לְדֹר דֹּר Ex. 3, 15. דּוֹר וָדוֹר Jes. 60, 15. דּוֹר דּוֹרִים Ps. 72, 5, auch בְּדֹר דֹּר Ex. 17, 16, wird eine Kette von Perioden in Aussicht genommen, welche bis in's Unendliche sich hinziehen soll; daher stehen jene Bestimmungen sehr häufig ebenbürtig neben עוֹלָם und נֶצַח. Dass in den letztern Wörtern die unendliche Zeit vorgestellt werde als eine einheitliche, ununterbrochene, während bei der Ausdrucksweise mit דּוֹר in Gedanken bei einer Reihe von Ruhepunkten abgesetzt werde, hebt Malbim, ein Lemberger jüdischer Exeget und feiner Syno-

---

zâli: وانّه قديم لا اوّل له ازليّ لا بداية له مستمرّ الوجود لا اخر له ابديّ لا نهاية له قيّوم لا Auch an die Formeln انقطاع له دائم لا انصرام له und عَمْرَكَ اللهَ ist hier zu erinnern, welche wenigstens von den Arabern selbst erklärt werden: bei deinem für ewig Erklären Gottes.

[1]) Es sind leicht begreiflicher Weise die Zeitbenennungen der von uns aufgestellten ersten Kategorie, die sich mit den Benennungen der unendlichen Zeit äusserlich oder innerlich berühren, nicht die, welche den Charakter der Determinirtheit, daher Begränztheit an sich tragen.

[2]) Leibnitz a. a. O. p. 242.

nymiker, zu Jes. 13, 20[1]) hervor. Unvollkommen ist diese Art der Bezeichnung, wo durch eine Vielheit von übersehbaren Zeitabschnitten die Vorstellung der unabsehbaren unendlichen Zeit erzeugt werden soll, zunächst darum, weil das unendliche Fortfahren in der Anreihung der Perioden dabei nicht eigentlich zum Ausdruck kommt[2]), welcher Mangel übrigens, wie wir sahen, auch bei Ausdrücken wie עד und selbst bei נצח nicht ganz beseitigt ist[3]).

Dieser Versuch, aus möglichst grossen Zeitquantitäten die unendliche Zeit durch Summirung und Multiplication zu gewinnen, ist auch in anderen Sprachen oft gemacht worden, wie z. B. vom arab. حُقْبٌ, welches wie דור das Menschenalter bedeutet, der Plur. أَحْقَابٌ so gebraucht wird. Man sehe Sure 78, 23: Sie werden darin (in der Hölle) bleiben احقابا „Aeonen lang" d. h. ewig. Beidâwî fühlt die Unzulänglichkeit des Ausdrucks, verwahrt sich aber ausdrücklich gegen den Schluss auf Nichtewigkeit der Höllenstrafen, den man etwa daraus ziehen könnte[4]). Nicht anders verfährt man in den arischen Sprachen. Es genüge an εἰς αἰῶνας, *in saecula saeculorum* u. dgl. zu erinnern. Auf drastische Weise zeigen alle diese Wendungen, wie dem Menschen zur Beschreibung des Unendlichen kein anderes Mittel zu Gebote steht als das Endliche. Dabei entsteht ein seltsamer Widerspruch zwischen der Basis, von welcher ausgegangen, und dem Ziel, welchem zugestrebt

---

1) בכ"מ (בכל מקום) שידבר כל הזמן בבחינת נצחיותא מראש עד סוף יאמר
לעולם א: לנצח וכשידבר בבחינת שהיא מתחלק במחשבה לימי דורית יאמר לדור ודור

2) Eher ist dies der Fall bei der seltneren Verbindung בכל דור ודור Ps. 45, 18.

3) Vgl. Leibnitz, welcher a. a. O. fortfährt: „*Mais pour en tirer la notion de l'éternité il faut concevoir de plus, que la même raison subsiste toujours pour aller plus loin.*"

4) Er bemerkt an obiger Stelle zu احقاباً: دهوراً متتابعة وليس فيها ما
يدلّ على خروجهم منها اذ لو صحّ انّ الحُقْب ثمانون سنة او سبعون الف سنة فليس فيه ما
يقتضى تَناهى تلك الاحقاب لجواز ان تكون احقابا متراد فة كلّما مضى حقبٌ تبعه آخَر
وإن كان فمن قبيل المفهوم فلا يعارض المنطوق الدالّ على خلود الكفار

wird. Jene gehört der Endlichkeit, dieses der Unendlichkeit an. Dieser Widerspruch verräth sich in den ungeheuren, gar nicht vorstellbaren Zahlen, zu welchen die alten Inder ihre Zuflucht nahmen, um sich über das Endliche zu erheben, während doch jede Zahl an sich etwas Endliches ist. Er tritt aber auch zu Tage in biblischen Aussprüchen wie Iob 36, 26. Ps. 102, 25. 28, wo unwillkürlich Gott Jahre zugeschrieben werden, und gleich daneben die Unermesslichkeit seiner Zeitdauer bezeugt wird. In diesen Stellen und andern (s. Ps. 90, 4), wo die Anwendbarkeit menschlichen Zeitmaasses auf das Unendliche oder den Unendlichen entschieden in Abrede gestellt wird, bahnt sich offenbar die Erkenntniss der Erhabenheit von Gottes Wesen über der Zeit[1]) auch theoretisch an. Der Begriff eines ausserzeitlichen Seins indessen ist dem Hebraismus fremd. Wohl wird Gottes Dasein vor allen Anfang des Menschlichen zurückgesetzt (Ps. 90, 2) und über allen geschichtlichen Prozess hinausgeschoben durch die Selbstaussage: אני ראשון ואני אחרון[2]) (Jes. 41, 4. 44, 6. 48, 12). Aber damit ist keineswegs gesagt, dass mit Gottes Wesen die Zeit sich nicht vertrage, sein Sein ein unzeitliches sei. Dem widerspricht auf's stärkste die Bezeichnung Gottes Dan. 7, 9. 13. 22: עַתִּיק יוֹמַיָּא[3]), welche, freilich in visionärem Zusammenhange, Gott geradezu ein Alter zuspricht, also ein Vorgerücktsein in der Zeit. Ein unzeitliches Sein ist eben der Vorstellungsart des Menschen etwas so Fremdartiges, dass er sich den Rahmen der Zeit eher noch als leere Form ohne Inhalt denken als ganz davon abstrahiren kann. So wird *Bereschith Rabba* gesagt שהיה סדר זמנים קודם לכך, und

---

[1]) Diese Erkenntniss ist ausgesprochen und formulirt in Juda Halevi's Kuzari V, 12: יצם השכל מרימם כהזמן. Vgl. v. Kölln, Bibl. Theol. S. 124.

[2]) Vgl. Tὸ A καὶ τὸ Ω, ἡ ἀρχὴ καὶ τὸ τέλος Apok. 1, S. 21, 6. Auch hellenische Parallelen wie Ζεὺς ἀρχή, Ζεὺς μέσσα, Διὸς δ'ἐκ πάντα τέτυκται sind nicht ganz zurückzuweisen, wenn sie gleich mehr auf den causalen Zusammenhang des Gottes mit dem Weltbestand als auf das zeitliche Verhältniss zur Welt gehn. S. Baumgarten-Crusius a. a. O. S. 195.

[3]) Auch die Kabbala nennt Gott עתיק דעתיקין.

damit vor allem Dasein des Geschaffenen schon eine Reihe von Zeiten angenommen[1]). Sahen wir also, dass im Hebräischen der Begriff der Ewigkeit oder unbegränzten Zeit nicht bloss vorhanden ist, sondern auch auf mannigfache Weise ausgedrückt sich findet, so müssen wir dagegen hervorheben, dass der Begriff **über die Zeit erhabenen Seins** weder in der Sprache der alten Hebräer sich andeutet, noch überhaupt ihrer Denkweise geläufig war.

Die hebr. Vorstellungen von Zeit und Ewigkeit, welche die Apokryphen des A. T. wesentlich beibehielten, gestaltete erst Philo um im Anschluss an Plato, welcher bekanntlich die Zeit als fortschreitende und theilbare der Ewigkeit gegenüberstellte als der unbeweglichen, Einen, untheilbaren, deren Abbild in der Erscheinungswelt sie ist (*Timaeus* 38 ff.). Philo betonte (*De mundi opificio* c. 7), dass vor der Entstehung der Welt eine Zeit nicht denkbar sei: Zeit und Raum gelten nicht für das göttliche Wesen. Dieses gehört der Sphäre der Ewigkeit an, welche Urbild der Zeit ist. Es gibt also ein Sein über der Zeit, welches nicht in die Zeit eingeht, und von dem Sein in der Zeit wesentlich verschieden ist. Diese **qualitative Unterscheidung von Zeit und Ewigkeit**, Zeitlichem und Ewigem hat bei den jüdischen und christlichen Theologen eben so viel Anklang gefunden, als sie an der aristotelischen Lehre von der Ewigkeit der Zeit Anstoss nahmen. Sie spricht sich aus in dem Satz des *Midrasch rabba* zu Koheleth[2]): כל מי שיש לו תולדות הוא כלה
וכל שאין לו תולדות אינו כלה

Ganz in platonischer Weise unterscheidet Gregor von Nazianz, *Orat.* XXXVIII zwischen χρόνος und αἰών[3]), und ausführlicher hat

---

[1]) Ganz ähnlich Cicero, *De natura deorum* I, c. IX: *Non enim si mundus non erat, saecula non erant, . . . sed fuit quaedam ab infinito tempore aeternitas.*

[2]) Cf. Cicero, *De natura deorum* I, 8.

[3]) Αἰὼν γὰρ οὔτε χρόνος οὔτε χρόνου τι μέρος· οὐδὲ γὰρ μετρητόν, ἀλλ' ὅπερ ἡμῖν ὁ χρόνος ἡλίου φορᾷ μετρούμενος, τοῦτο τοῖς ἀϊδίοις αἰών, τὸ συμπαρεκτεινόμενον τοῖς οὖσιν οἷόν τι χρονικὸν κίνημα καὶ διάστημα.

namentlich Augustinus (*Confess.* XI, 11 s.) den spezifischen Unterschied zwischen Zeit und Ewigkeit entwickelt. Allein auch für die griechische Gedankenwelt ist der Begriff der Ewigkeit in dieser ontologischen Bestimmtheit erst in der Höhezeit der Philosophie gangbar geworden. Dass zur Zeit der eigentlichen Sprachbildung davon nicht die Rede war, zeigt eben diese Benennung αἰών. Wohl erklären die Platoniker αἰών = ἀεί-ὤν[1]). Allein in Wahrheit hat das Wort wie das lat. *aevum* keineswegs einen Ursprung, welcher mit jenem metaphysischen Begriffe sich vertrüge. Abgesehen auch von der oben (S. 15 f.) angeführten Ableitung aus einer die Bewegung angebenden Wurzel hat αἰών (lat. *aevum*, goth. *aivas*[2]) gerade bei den frühern Schriftstellern die Bed. Lebenszeit[3]), ja geradezu Leben; dann überhaupt lange Zeit, und erst von da aus gelangt es zur Bed. der unendlichen Zeit, wie auch die vielfache Verwendung des Plurals in diesem Sinne zeigt (LXX, N. T. u. sonst), dann endlich der Ewigkeit im streng philosophischen Sinne. Wie in den entsprechenden semit. Wörtern (vgl. für αιων etwa דור, ܕܘ) ist also auch hier das **Primäre** das **Endliche**, den Sinnen Erreichbare, das Sekundäre das Unendliche, über die Sinne Hinausgehende. Im Lateinischen ist denn auch das eigentliche Wort für Ewigkeit eine sekundäre Bildung vom selben Stamm: *aeternitas* für *aeviternitas*, wie *aetas* für *aevitas*.

---

[1] So auch Aristoteles (Περὶ Οὐρανοῦ I. c. 9.): Κατὰ τὸν αὐτὸν δὲ λόγον καὶ τὸ τοῦ παντὸς οὐρανοῦ τέλος καὶ τὸ τὸν πάντα χρόνον καὶ τὴν ἀπειρίαν περιέχον τέλος αἰών ἐστιν, ἀπὸ τοῦ ἀεὶ εἶναι εἰληφὼς τὴν ἐπωνυμίαν, ἀθάνατος καὶ θεῖος. Diese Herleitung von αἰών gibt auch Eusebius (*De laudibus Constantini* c. 6), welcher übrigens dem Worte nicht den platonischen Begriff der Ewigkeit, sondern den der gleichförmigen, ununterschiedenen aber fortschreitenden und sich ausdehnenden unbegränzten Zeit zuweist.

[2] Vgl. auch W. Deecke, Die deutschen Verwandtschaftsnamen 1870. S. 22 ff. 152 ff.

[3] Die Bed. Lebenszeit, Lebenslänge hat auch Johannes Damascenus (*De Orthod. fide* II, 1) vorangestellt, wo er die Bedd. von αἰών aufzählt, s. Suicerus, *Thes. Eccles.* I, 140 s.

Um so weniger wird man es der hebräischen Sprache zum Nachtheil deuten können, dass sie kein Wort besitzt, welches die Ueberzeitlichkeit ausdrückt. Nur in diesem Sinne aber ist die oft gemachte Angabe begründet, es gebe im Hebräischen kein eigentliches Wort für den Begriff der Ewigkeit [1]). Die Ewigkeit, wie sie sich zunächst in der Vorstellung gestaltet, d. h. die endlose Zeit wird hier auf mannigfache Weise ausgedrückt. Es ist bei der sonstigen Armuth des hebr. Sprachschatzes, soweit er auf uns gekommen, eine bemerkenswerthe Thatsache, dass gerade an Bezeichnungen der Ewigkeit ein ziemlicher Vorrath da ist. Abgesehen von den übrigen sind wenigstens drei Wörter, alle auf verschiedene originelle Weise gebildet, eigens für diesen Begriff geprägt. Man braucht nur die überaus reiche Fülle von Wörtern in Augenschein zu nehmen, welche das Arabische zur Bezeichnung der Zeit vor dem Hebräischen voraus hat und die wir lange nicht alle aufgeführt haben, und damit das wesentlich andere Wechselverhältniss bei den Benennungen für die Ewigkeit zusammenzustellen, um sich von der Auffälligkeit der Sache zu überzeugen. Wie arm aber die sonst dem Hebräischen so überlegene griechische Sprache in dieser Hinsicht ist, zeigt der Umstand, dass die LXX (welchen sich das N. T. in Beziehung auf diesen Sprachgebrauch anschliesst) für Ewigkeit eigentlich kein anderes Nomen [2]) aufzubringen wissen als eben jenes αιων, welches weder ursprünglich noch ausschliesslich diese Bedeutung hat. Es ist offenbar, dass die religiösen Ideen, insbesondere die reine Gottes-Idee, welche das israelit. Volk besass, auf diese Vorstellung der unendlichen Zeit fördernd einwirkte, so dass es damit vertraut war, wenn gleich von wissenschaftlicher Aneignung und Verwerthung derselben noch nicht die Rede sein konnte.

---

[1]) So z. B. v. Cölln a. a. O. S. 124; ähnlich Pappenheim.

[2]) Oft behilft man sich dafür im Griech. mit Adjj. und Advv., die meist nicht rein zeitlicher Natur sind, wie ἀθάνατος, ἀγένητος, ἄφθαρτος u. s. w. Vgl. z. B. Aristoteles Περὶ Οὐρανοῦ I, c. 11.

Mythologische Einkleidung der Zeit.

Nach einer anderen Seite hat dieser selbe Monotheismus negativ gewirkt. So wenig nämlich in der Zeit des bibl. hebräischen Schriftthums nach der ganzen Anlage und Bildung dieses Volkes eine logische Definition des Zeitbegriffs oder eine ontologische Ergründung der Ewigkeit von ihm erwartet werden kann, so liesse sich nach der Analogie, welche semitische, arische u. a. Völker darbieten, desto mehr vermuthen, dass die Vorstellung der Zeit, zumal der unbegränzten, welche im Besitze des Volkes war, nach und nach in ein mythologisches Gewand sich gekleidet haben würde, sei es dass man in der Zeit eine Naturkraft zu entdecken vermeint und sich mit der Personification derselben begnügt, oder dass die beginnende Reflexion sie zu einem förmlichen Prinzip des Seins und Werdens gemacht und mit den übrigen kosmischen Potenzen zu kombiniren versucht hätte.

Hauptsächlich das Erstere, dem semitischen Geiste näher Liegende finden wir bei den Arabern. Wenn z. B. die vorislamischen Araber nach dem Berichte Schahrastâni's zum Theil die Zeit als das die gesammten endlichen Gebilde der Natur zerstörende Element bezeichnen[1]) (الدهر المُفْنِى), so ist dies offenbar nichts anderes als der Ausdruck der Wahrnehmung, dass auch das Festeste und Unbezwinglichste dem „Zahn der Zeit" nicht Widerstand zu leisten vermag. Wo eine natürliche Ursache der Zerstörung nicht wahrgenommen, eine übernatürliche nicht angenommen wurde, da schrieb man das Werk der Zeit zu, welche deshalb als eine mächtige, ja als die mächtigste Naturgewalt erschien. Schahrastâni stellt diese Weltanschauung der theistischen, auf den Glauben an einen Gott als Weltschöpfer und Weltregirer gegründeten gegenüber, wie sie auch im Koran, der sie ebenfalls bekämpft, als Atheismus charakterisirt wird z. B. Sure 45, 23, wo die dem Propheten Widersprechenden erklären: وَمَا يُهْلِكُنَا إِلَّا ٱلدَّهْرُ. Daher heisst الدَّهْرِىُّ derjenige, welcher die Zeit vergöttert,

---

[1]) Vgl. Krehl, Ueber die Religion der vorislamischen Araber S. 4.

nach dem arab. Kâmûs = القائل ببقاء الدهر „der die stete Fortdauer des Zeitlaufes behauptet", also gewissermaassen „Naturalist"; „denn in der That ist die nach der Vorstellung mancher Philosophen ewig zeugende und zerstörende Natur an die Stelle des orientalischen דוד, دهر getreten" (Fleischer[1]).

Von dieser Auffassung der Zeit als einer fatalistisch ewig waltenden Naturkraft zur Verehrung eines Zeitgottes war nur ein Schritt. Ein solcher Zeitgott scheint der هُبَل gewesen zu sein, ein Hauptgott der alten Araber, welchen man in der Kaʿba verehrte und später mit dem Saturn identificirte, wie Schahrastânî und Masʿûdî berichten[2]). Ein anderer Name desselben Gottes ist عَوْض, wie schon erwähnt: „die Zeit" nach Kâmûs, welcher eine Dichterstelle aufbehalten hat wo beim blutumgossenen ʿAud geschworen wird (Z. d. D. M. G. VII S. 499 f.) und ابو عوض (wozu Movers אבי־עד Jes. 9, 5 vergleicht), von Eusebius (*Or. de laud. Const.*) Οβὸ genannt und neben Dusares als Gottheit der Araber bezeichnet[3]). Wir haben also hier Personificationen der Zeit, welche nicht nur durch ihr Zerstören sondern namentlich auch durch ihr Dauern und Alles Ueberdauern sich als Macht offenbart. Sie war von jeher (darum der Zeitgott als Greis dargestellt), und sie ist doch immer wieder jung und neu (الدهر جَذَع ابدا). In den mehr monotheistischen Religionen wird diese Macht der ewigen Dauer dem Hauptgott zugeschrieben, z. B. dem semitischen Baʿal. So haben die Phönizier den mythol. Namen חלד, welcher, wie wir sahen, die Dauer als feste, beständige ausdrückt, meist als Attribut des בעל, welchen die Babylonier ganz ent-

---

[1] Bei Chwolson, Ssabier II S. 918 f.

[2] S. Pococke, *Specimen Historiae Arabum* p. 97 ss. (ed. alt.); Movers, Phoenizier I S. 263; Chwolson, Ssabier II S. 673 f.; Krehl a. a. O. S. 72.

[3] Beide werden als Beispiele von Menschen, die unter die Götter aufgenommen, aufgeführt; Obodas wird als alter König der Araber auch von Strabo genannt; s. auch Tertullian, *Ad Nationes* L. II c. 7 und vgl. Jul. Braun, Gemälde der muhammedan. Welt 1870 S. 96.

108   Die Zeit in der arischen Mythologie.

sprechend בעל ארין nennen als den Gott, dem fortwährende Dauer und Herrschaft eignet; in den numidischen Inschriften[1]) heisst er בן עלם.

Dass die eben auf semitischem Boden nachgewiesenen Vorstellungen aus der Naturanschauung leicht erwachsen konnten, zeigt der Umstand, dass sie auch anderwärts sich gebildet haben. Wir erinnern z. B. an das bekannte griechische Epigramm auf Laërtes Grab:

Ψήχει καὶ πέτρην ὁ πολὺς χρόνος, οὐδὲ σιδήρου
Φείδεται ἀλλὰ μιῇ πάντ' ὀλέκει δρεπάνη.

Auch manche Züge aus dem Mythus des Kronos scheinen auf die zerstörende Gewalt der Zeit zu gehen[2]), wie denn diese schon im Alterthum beliebte[3]) Deutung jenes Gottes und seines Doppelgängers Saturn noch immer am meisten für sich hat[4]).

In der Mitte aber zwischen phantasirender Mythologie und reflektirender Philosophie stehen die speculativen Theogonien und Kosmogonien. In diesen und zwar wiederum in den orientalischen wie in den hellenischen, spielt der Zeitbegriff ebenfalls

---

[1]) Gesenius *Monum. Phoen.* p. 202. 25. Movers a. a. O. I, 262.
[2]) So namentlich seine Sichel, das Verschlingen und Ausspeien seiner Kinder u. dergl.
[3]) S. Buttmann, Mythologus II S. 31 f.
[4]) Bekanntlich ist die schon den Alten geläufige Identificirung von χρόνος und κρόνος noch immer ein strittiger Punkt. Andere Ableitungen von der Wurzel *kar* machen, thun oder von κραίνω s. bei Pott, Wurzelwb. der Indog. Sprachen II. 1. 113; Curtius a. a. O. S. 147. Pott stellt noch eine Möglichkeit auf, wonach es, ohne mit χρόνος zusammenzugehören, eine dem Zeitbegriff verwandte Bed. hätte: v. zend. *karana* Seite, Ende, Wurzel *kar* schneiden: gleichsam Anfang, ἀρχή, *principium*. Max Müller hält die lautliche Verschiedenheit zwischen κρόνος und χρόνος nicht für ein maassgebendes Hinderniss ihrer gemeinsamen Ableitung (vgl. auch Buttmann a. a. O. II, 32 f.) und gibt in den *Essays* II, 135 f. einen Versuch, die Figur des Κρόνος aus Κρονίδης abzuleiten, welches als Attribut des Zeus ursprünglich geheissen hätte: mit der Zeit verknüpft, die Zeit vorstellend, durch alle Zeit hindurch dauernd.

Die Zeit in der phönizischen und parsischen Mythologie. 109

eine grosse Rolle. Schon *Pherekydes* (c. 550 v. Chr.) begann nach Diogenes Laërt. seinen *Heptamychos* mit den Worten: Ζεὺς μὲν καὶ Χρόνος εἰς ἀεὶ καὶ χθὼν ἦν. Mehr populär ist der orphische Vers an Kronos (*Hymn.* 12, 3):

Ὃς δαπανᾷς μὲν ἅπαντα καὶ αὔξεις ἔμπαλιν αὐτός.

Namentlich aber ist die Zeit eine dominirende Potenz in der phönizischen Kosmogonie, welche durch Vermengung von orientalischen und occidentalischen Elementen entstanden ist. Nach der Aussage des Damascius[1]) nämlich stellte der Peripatetiker Eudemus als die drei obersten Prinzipien der Phönizier hin: Χρόνος, Πόθος (πνεῦμα), Ὀμίχλη (χάος), während Mochus (ibid.) aus den ersten Potenzen Αἰθήρ und Ἀήρ den Οὐλωμός = עוֹלָם hervorgehen lässt. Sanchuniathon dagegen stellt πνεῦμα und χάος an die Spitze. Da er indessen von letzterem aussagt: εἶναι ἄπειρον καὶ διὰ πολὺν αἰῶνα μὴ ἔχειν πέρας, so liegt auch hier der Zeitbegriff nahe[2]), welcher unter verschiedenen Namen (χρόνος ἀγήραος, Ἡρακλῆς) in abstrakter Schrankenlosigkeit als letztes Weltprinzip in diesen und verwandten Systemen wie dem das Hellanicus[3]) auftritt.

Damit ist die mythologisch-speculative Auffassung des zendischen *zrvan* zu vergleichen. Wenn abstrahirt wird von den einzelnen Zeiten, von allen Gegensätzen, die in der Zeit auftreten, so bleibt noch die Zeit selbst als ein weitester Ring der Alles einfasst. Wie der unendliche Raum (die *Aditi* der Veden?) Alles einschliesst, wie der Himmel Alles überwölbt, so die reine Zeit, welche eben als abstrakt gedachte unendlich ist und daher den Beinamen *akarana* führt[4]). Diese *zrvana akarana* ist zwar eigentlich nicht geradezu das oberste Prinzip der zoroastr. Lehre, aus welchem Ormuzd und Ariman erst hervorgegangen wären, wie man auf Grund der Dar-

---

1) Περὶ τῶν πρώτων ἀρχῶν p. 385 *ed.* Kopp.
2) S. Schuster, *De vet. Orph. Theog.* p. 94.
3) Siehe ebenda 81 ss; Damascius p. 381.
4) Von *karana* Gränze: die anfangs- und endlose Zeit; nach Andern wäre es von *kar* abzuleiten: die ungeschaffene, grund- ursachlose Zeit. S. Schlottmann in Webers Indischen Studien I 378.

stellung von Damascius (l. c. p. 384¹) und einer bei Photius²) erhaltenen Angabe Theodors von Mopsueste anzunehmen sich berechtigt glaubte³); sondern diese Notizen beziehen sich auf speculative Modificationen der zoroastrischen Lehre, welche in der Zeit ein oberstes Weltprinzip aufstellten, worin alle Verschiedenheit der Gegensätze aufgehoben wäre; wir finden also hier ähnlich wie in griech. namentlich aber phöniz. Kosmogonien die Zeit als Abstraktion vom Begränzten und Unterschiedenen angesehen; es bahnt sich hier in der Vorstellung der Zeit als allumfassender Form die Erkenntniss des formalen Charakters der Zeit an.

Von all diesen mannigfaltigen mythologischen Gestaltungen zeitlicher Vorstellungen finden wir im Hebräischen keine Spur, was sich schwer erklären liesse, wenn nicht die religiöse Basis der hebräischen Ideenwelt für Erzeugung solcher Produkte der Phantasie und Speculation ein wenig geeigneter Boden gewesen wäre. Je mehr nämlich der hebräische Monotheismus das Walten Gottes in der Welt betont, desto weniger kann er die einzelnen Naturkräfte zu selbständigen Potenzen erheben; und je lebendiger bei diesem Volke der Glaube an Gottes unsichtbares Wirken ist, desto weniger kann es für die sichtbaren Erscheinungen eine Ursache in der Zeit zu suchen sich veranlasst sehen. So war die Möglichkeit, die Zeit in dieser oder jener Weise zu hypostasiren, ihm von vornherein abgeschnitten, und gerade die Vorstellung der unendlichen Zeit trug hier von Anfang an einen rein formalen Charakter.

¹) Μάγοι δὲ καὶ πᾶν τὸ Ἄρειον γένος ὡς καὶ τοῦτο γράφει ὁ Εὔδημος, οἱ μὲν τόπον οἱ δὲ Χρόνον καλοῦσι τὸ νοητὸν ἅπαν καὶ τὸ ἡνωμένον, ἐξ οὗ διακριθῆναι ἢ θεὸν ἀγαθὸν καὶ δαίμονα κακὸν ἢ φῶς καὶ σκότος πρὸ τούτων ὡς ἐνίους λέγειν κτέ.
²) Biblioth. p. 63 ed. Becker.
³) S. dagegen Duncker, Geschichte des Alterthums II S. 531.

Alphabetisches Verzeichniss
der besprochenen zeitbegrifflichen Synonyma.

I. Hebräische und chaldäische Wörter.

אחרית 14.
איתן 93 f. בעל איתן 45; 94; 108.
אמן, נאמן 43 Anm. 2; 95.
אפן 38 f.
בקר 60.
גיל 35.
דור 34 f.; 100.
דר chald. 34.
הזה 64.
זמן Vb. 55. chald. 54. Subst. 22; 51 Anm. 3; 56; 58 f.
חדש 60.
חלד 41 f; 44 f. בעל חלדים 45; 107.
יד 51 Anm. 3.
יום, ימים 50; 52 f; 59. chald. יומא, יממא 60.
ירח 60.
כען, כענת chald. 18.
מועד 46 ff. 48.
מנה 51 Anm. 3.
מתי 91.
נצח 95 ff. chald. 96. נצחי 85.
סוף 14 Anm. 1.
סלה 84 Anm. 1.
עבד, בדעבד 14 Anm. 1.
עבר 64.
לשעבר 14 Anm. 1.
עד 17; 86 ff; 92; 97; 98.
עדים 54.
עדן chald. 53.

עוד 30 ff.
עולם 69 ff; 88; 92; 94; 97 f; 109. Plur. 81; 83. עולם הזה, הבא — 82. עלמא chald. 84. עולמי 85.
עמד 5.
ערב 60.
עת 17; 18 ff; 47 ff; 58 f. Plur. 50; 51. (בעית 52.)
עתה 19; 50.
עתי 57 Anm. 1.
עתיד 64.
עידק, ידק (chald.) 23; 102.
פנים 15 Anm. 1.
פעם 51 Anm. 3.
פראם 29.
פרע 29.
קדם 14; 76.
ראשית 14 Anm. 1.
רגל 51 Anm. 3.
רגע 26 ff.
שנה, שנים 50 Anm. 1; 52; 60. chald. 60 Anm. 3.
שעה 24 ff.; 61. chald. 25.
תדירא chald. 40.
תור 37 Anm. 1.
תחלה 14 Anm. 1.
בתחלה ibid.
תמיד 91 ff.
תמידא chald. 92.
תקופה 32 f.

II. Syrische Wörter.

ܐܚܪܝ, ܐܚܪܝܢ etc. 95.
ܐܝ 34 f.
ܒܕ 22; 54; 56 f.
ܒܕ 22; 54.

ܡܟܝܠ 42 f.
ܙܒܢ, ܙܒܢܬܐ 27.
ܐܡܬܝ, ܡܬܝ 60.
ܢܨܚ 96.

دمـا 47.
دمي 53.
حكمر etc. 84; 86.

مخا 25.
مهزا 14 Anm. 1.

III. Arabische Wörter.

ابد 89 f.
اقّان, ابّان 21 f.
اجل 21; 49; 55 f.
ازل, ازلّي 68.
امار 46.
انف 15 Anm. 1.
آنا, آناء 18.
آن 18.
تارة 37; 51 Anm. 3.
جيل 35.
حاضر 64.
حقب 101.
حول 33.
حينئذٍ 20.
خطرة 27.
خطوة 51 Anm. 3.
خلد 42 ff.
خالق 85 Anm. 4.
دفعة 27; 51 Anm. 3.
دهر 40; 62 Anm. 2; 83 Anm. 1; 107 f.
دائرة, دور 34; 36; مدار 32.
دولة 36 f.
زمان 22 f; 56 f.
ساعة 25.
صدر 15 Anm. 1.
ضدّ 6 Anm. 1.

ضربة 51 Anm. 3.
طرفة 51 Anm. 3.
عتك, عتق 23 f.
عدّان, عدّ 53; عدّة 54.
عصر 40.
عالم, علم 69 Anm. 3; 85.
عهد 31.
عوض, عاض 31 Anm. 1; 107.
عام 40.
فينة 21.
مستقبل, قبل 14; 64.
قديم, قدم 76.
قفّان 41.
كرّة 51 Anm. 3.
مدّة 24 Anm. 1; 62 Anm. 1; 91.
مرّ 87 f; مرة 51 Anm. 3.
ماض, مضى 64.
ملوة, ملا etc. 24.
نهار 59 f.
هبّة 27.
هبل 107.
ميعاد, موعد, وعد 46.
وقت 55; وقت 48; 51; 57.
ميقات 47 Anm. 1; 48.

IV. Aethiopische Wörter.

ጊዜ፡ 24.
ቀዳሚ፡ 76.
ቀዳሚት፡ 27 Anm. 3.
አብድ፡ 89.
ዘለፈ፡ 85.

ዓመ፡ 40.
ሠዐየ፡ 33 Anm. 1.
ሐለፈ፡ 87 Anm. 5.
ጎሠጎ፡ 90 Anm. 1.
ዝኩ፡ 20; 51.

Buchdruckerei von W. Drugulin in Leipzig.

www.ingramcontent.com/pod-product-compliance
Lightning Source LLC
Chambersburg PA
CBHW031401160426
43196CB00007B/843